3. Auflage 1996
ISBN 3-924678-43-X

Fotografie	Foodbildagentur Eising AG
Graphische Konzeption	Reinhard Neuß
Konzeptionelle Mitarbeit	Pete A. Eising
Redaktion	Angelika Schlenk Christina Kempe
Graphische Gestaltung	Georg Schedlbauer
Umschlaggestaltung	Zero, München
Lithografie	PHG-Lithos, München
Druck/Bindung	OAN Leipzig

SALATE

Die neue große Schule

Texte und Rezepte von
Monika Kellermann

Fotografiert
von Susi und Pete A. Eising

ZABERT
SANDMANN
VERLAG

Inhalt

6 VORWORT

9 WARENKUNDE UND KÜCHENTECHNIK

Blattsalate und Gemüse, Sprossen, Früchte, Kräuter und Gewürze, Öl und Essig: Alles, was man für einen köstlichen Salat benötigt, finden Sie hier ausführlich beschrieben.

29 FRISCHE BLATTSALATE

Kopfsalat hat Konkurrenz bekommen – immer bunter, noch würziger und knackiger präsentieren sich die neuen Blattsalate! Hier erfahren Sie, wie man sie anrichten kann.

43 ROHKOST- UND SPROSSENSALATE

Längst haben auch Gourmets entdeckt, wie köstlich kleingeschnittenes rohes Gemüse, fein mariniert und mit knackigen Sprossen bestreut, schmeckt!

61 GEMÜSESALATE

Gemüse für Genießer! Serviert mit feinen Pilzen, Käse oder Sauce Hollandaise, wird junges Gemüse zum kulinarischen Ereignis.

SALATE MIT NUDELN, REIS UND KÖRNERN 81

Ob Tortellinisalat mit Gemüsevinaigrette, ungarischer Reissalat oder Bulgursalat auf afrikanische Art – der Vielfalt sind keine Grenzen gesetzt.

SALATE MIT FLEISCH, WILD UND GEFLÜGEL 99

Angereichert mit feiner Putenbrust, zartem Rehfilet oder geräucherter Hähnchenbrust – Salate sind auch für Hauptgerichte gut!

SALATE MIT FISCH UND MEERESFRÜCHTEN 117

Alle Köstlichkeiten aus dem Wasser, ob frisch, eingelegt oder geräuchert, schmecken würzig mariniert als Salat einfach traumhaft!

DESSERTSALATE 129

Ob mit Zabaione, Portwein oder Käse serviert, bei diesen Salaten aus frischen, aromatischen Früchten kann niemand widerstehen.

KÜCHENLEXIKON 138

REGISTER 140

SALATE – WIE AUS DEM MALKASTEN

Nur gelb und grün, das war einmal. Heute leuchten die Salatköpfe in den buntesten Farben. Der im Dunkeln wachsende Chicorée und der purpurfarbene Radicchio setzten die ersten andersfarbigen Akzente. Es folgten der braunrote Eichblattsalat, Batavia und der Lollo Rosso, bis schließlich auch der Kopfsalat in den Blattspitzen errötete und als »Rotkäppchen« das Auge erfreut. Immer bunter die Farben, immer länger die Saison.

Doch nicht nur die Farbe änderte sich. Auch der Stellenwert des Salates wurde neu definiert. Die Rolle als kühlende Beilage zum fetten Braten stand der Vielfalt nicht mehr recht zu Gesicht. So setzte sich Salat erst einmal als Vorspeise in Szene, wurde angereichert mit Fleisch, Geflügel und Fisch und angemacht mit exotischen Essig- und Ölsorten. Von da an war sein Aufstieg zum Hauptgericht kalorienbewußter Genießer nicht mehr aufzuhalten. Nicht mehr gemischt, sondern arrangiert und mit Dressing übergossen, nicht mehr dazu gegessen, sondern für sich genossen. Vor allem im Sommer eine Alternative zu schweren Gerichten.

Auch Gemüse, zeitgemäß roh in feine Streifchen geschnitten oder gehobelt, köstlich-pikante Sprossen und Keime, Fische und Meeresfrüchte ergänzen den bunten Salat. Und immer noch erfreuen sich die herzhaften Partysalate wegen ihres unkomplizierten Wesens größter Beliebtheit.

VOM MARKT AUF DEN TELLER

Der beste Salat ist unter Sonne und Regen gewachsen, hat seine Inhaltsstoffe aus gesunder Erde gezogen und ist auf schnellstem Weg vom Feld auf den Markt gekommen. Auch wenn es Sorten gibt, denen eine kurze Lagerung nicht schadet – den höchsten Vitamingehalt haben frisch geerntete Salate. Deshalb finden Sie in der Warenkunde, neben der ausführlichen Beschreibung der Salatsorten, Hinweise auf unsere Erntezeiten. Und Tips, wie die Vitamine bei Vor- und Zubereitung am besten erhalten bleiben und welche Öle, welche Essige zu den einzelnen Sorten passen.

Die richtigen Geräte erleichtern die Arbeit: Salatschleuder und Schneidebrett, Juliennereißer und Buntmesser sollten in keiner Salatküche fehlen. Alle wichtigen Küchenhelfer werden vorgestellt, denn ein Salat soll ja nicht nur gut schmecken, sondern auch schön aussehen.

Im Rezeptteil werden alle Grundrezepte ausführlich und mit Schritt-für-Schritt-Fotos für jeden nachvollziehbar beschrieben. So gelingen garantiert auch Salatkreationen wie Spargelsalat mit Orangen-Hollandaise oder Nudelsalat mit Meeresfrüchten, mexikanischer Rindfleischsalat oder asiatischer Zuckerschotensalat mit Rosinen. Eine Fülle von Varianten zeigt in knapper Form, wie sich die Grundzubereitungen auf andere Zutaten übertragen lassen. Viele Tips und Tricks helfen weniger geübten Salatmixern, ihre Ideen gelungen umzusetzen.

Warenkunde und Küchentechnik

Blattsalate und Gemüse, Sprossen, Früchte, Kräuter und Gewürze, Öl und Essig: Alles, was man für einen köstlichen Salat benötigt, finden Sie hier ausführlich beschrieben.

BLATTSALATE

Bunter und zahlreicher denn je ist das Angebot an frischen Blattsalaten. Im Laufe der Jahre entstanden die unterschiedlichsten Neuzüchtungen, die jedoch alle ausschließlich von den zwei Gattungen Lattich und Zichorie abstammen. Alle Gartensalate, wie z. B. Kopf-, Batavia-, Eis- und Romanasalat gehören zur Gattung des Lattichs, während Radicchio, Chicorée und Endiviensalat zu den Zichorie-Gewächsen zählen.

1. Kopfsalat, grün und rot
Am begehrtesten sind die festen, gut geschlossenen Köpfe, die zwischen 250 und 500 g wiegen. Rote Sorten haben eine lockerere Kopfbildung und wiegen ca. 250 g. Die Blätter sind noch zarter und ohne Bitterstoffe. Kopfsalate welken sehr schnell. Die Haltbarkeit kann man durch Besprühen mit Wasser, Einschlagen in ein feuchtes Tuch und kühle Lagerung verlängern.
Angebot: Einheimische Freilandware von Mai bis Oktober, aus Gewächshäusern ganzjährig.

2. Eissalat (links)
Zuchtart des Kopfsalates aus Amerika, auch bekannt unter den Namen Eisberg-, Krach- oder Knacksalat. Die Köpfe wiegen zwischen 600 und 800 g. **Crispsalat**, eine neue Variante des Eissalates aus Holland, wird von gekräuselten, hellgrünen Blättern umhüllt. Im Kühlschrank bleibt Eissalat mehrere Wochen frisch.
Angebot: Einheimische Freilandware von Mai bis September, aus Gewächshäusern ganzjährig.

2. Batavia (rechts)
Kreuzung aus Kopf- und Eissalat mit hellgrünen und dunkelrötlichen Blättern. Die Köpfe wiegen zwischen 500 und 1000 g. Im Kühlschrank bleibt der Salat einige Tage frisch. Hellere Sorten sind nicht so lange haltbar.
Angebot: Geringe einheimische Freilandware von Mai bis September, aus Gewächshäusern ganzjährig.

3. Romanasalat (Römischer Salat, links)
Die langgezogenen Blätter mit ausgeprägten, fleischigen Blattrippen bilden lockere Köpfe, die zwischen 400 und 500 g wiegen. Dieser Salat verträgt gehaltvollere Dressings und eignet sich für warme Zubereitungen. Im Kühlschrank hält er sich ungefähr 1 Woche. Man kann ihn auch einfrieren und als Gemüse verarbeiten.
Angebot: Einheimische Freilandware von August bis Oktober; Importe aus Italien, Spanien und den Niederlanden von November bis Mai.

3. Eichblattsalat (Eichenlaubsalat, rechts)
Wie alle Pflück- und Schnittsalate hat er eine lose Blätterrosette. Die Köpfe wiegen zwischen 400 und 500 g, der Salat schmeckt leicht nussig. Nur sehr kurzfristig haltbar. Am besten in ein feuchtes Tuch einschlagen und kühl lagern.
Angebot: Einheimische Freilandware von Juni bis September; im Winter und Frühjahr Importe aus Frankreich, Italien, Spanien und den Niederlanden.

1

2

3

4

5

6

7

8

4. Lollo Rosso und Lollo Biondo
Beide zählen zu den Pflück- und Schnittsalaten. Sie bilden lockere, offene Köpfe mit krausen Blättern von fester Struktur und herbem Geschmack, und wiegen zwischen 200 und 300 g. Beide Sorten halten sich ca. 1 Woche bei kühler Lagerung in einer gelochten Plastiktüte.
Angebot: Einheimische Freilandware von Juni bis September. Ganzjährige Importe aus Italien, Frankreich und den Niederlanden.

5. Feldsalat (Rapunzel, Ackersalat, Mäuseöhrchen, Nüßli- oder Vogerlsalat)
Die kleinen Pflänzchen bestehen aus ca. 20 Blättern und enthalten viele Vitamine und Mineralstoffe. Es gibt zwei Sorten: die großen Rosetten mit langen, breiten, mittelgrünen Blättern, die sehr rasch wachsen und die kleinen, dunkelgrünen Blattrosetten, die langsamer wachsen und wesentlich aromatischer schmecken. Die Blätter sind geputzt, leicht angefeuchtet und locker in einem Plastikbeutel verpackt einige Tage haltbar.
Angebot: Vom Herbst bis ins Frühjahr; Freilandware ist am aromatischsten.

6. Endivie (links), Escarol und Frisée (rechts)
Im wesentlichen unterscheiden sie sich nur äußerlich: **Friséesalat** wird wegen seiner auffällig krausen Blätter häufig als Garnitur verwendet oder unter andere Salate gemischt. **Endivie** und **Escarol** werden meist feingeschnitten zu Salat verarbeitet. Alle drei Sorten enthalten vor allem in den unteren Blatteilen Bitterstoffe. Die Köpfe wiegen zwischen 600 und 800 g. Eingeschlagen in ein feuchtes Tuch bleiben sie einige Tage frisch. Achtung: Das gelbe Herz des Friséesalates fault sehr schnell!
Angebot: Einheimische Freilandware von Juli bis Dezember; sonst als Import aus Italien, Spanien und Frankreich, im Frühjahr als Treibhausware aus den Niederlanden.

7. Radicchio
Die festen, runden, violetten Köpfe mit weißen Blattadern sind für Salate am besten geeignet. Die Blätter schmekken leicht bitter. Durch kurzes Einlegen in lauwarmes Wasser werden die Bitterstoffe entzogen. Das Gewicht schwankt zwischen 100 und 400 g. Radicchio hält sich im Kühlschrank gut 1 Woche.
Angebot: Vorwiegend von Oktober bis Mai. Hauptlieferanten sind Italien und Frankreich.

8. Chicorée
Die im Dunkeln keimende Sprosse der Zichorienwurzel färbt sich bei Lichteinwirkung grün und wird dann bitter. Auf feste, zarte Blätter mit einem zartgelben Rand achten. Auch nach dem Kauf unbedingt dunkel lagern! Ein Kopf wiegt zwischen 100 und 150 g. Da der mittlere Kern bitter sein kann, schneidet man ihn am besten keilförmig heraus. Die heutigen Sorten enthalten allerdings immer weniger Bitterstoffe. Lichtgeschützt im Kühlschrank hält sich Chicorée mehrere Tage.
Angebot: Grundsätzlich ganzjährig, aber meistens auf Oktober bis April beschränkt. Hauptimport aus Belgien, den Niederlanden und Frankreich.

SALATGEMÜSE

Viele Salatgemüse können entweder roh mit Blattsalaten vermischt, geraspelt als Rohkost oder gegart als eigenständiger Salat zubereitet werden. Hier finden Sie all jene Gemüsesorten beschrieben, die sich für Salate am besten eignen.

1. Gurken
Schlangengurken werden ganzjährig angeboten. Im Sommer frisch geerntete Freilandgurken haben jedoch das intensivste Aroma. Ob man sie geschält oder ungeschält in Scheiben schneidet, ist reine Geschmackssache.
Dazu passen: Dill, Borretsch und Schnittlauch

2. Tomaten
Es gibt zahlreiche Tomatensorten, aber unter Blattsalate gemischt, liefern die roten oder gelben Cocktail- oder Kirschtomaten das intensivste Aroma und die kräftigsten Farben.
Dazu passen: Basilikum und Pfeffer. Mit Essig hingegen sparsam umgehen, damit die feine Fruchtsäure erhalten bleibt

3. Rettich und Radieschen
Die scharfen Wurzeln, die ganzjährig angeboten werden, verleihen jedem Blattsalat die nötige Würze. Sie schmecken auch in Scheiben geschnitten oder gerieben als Rohkost.
Dazu paßt: Schnittlauch

4. Fenchel
Salate mit Fenchel schmecken nur, wenn die Knolle hauchdünn aufgeschnitten wird. Der leichte Anisgeschmack kommt vor allem in Verbindung mit Obst ideal zur Geltung.
Dazu passen: Cremige Dressings und das feingehackte Fenchelgrün

5. Stangensellerie
Die in dünne Scheiben geschnittenen Selleriestangen mit dem typischen Aroma verleihen so manchem Salat erst den richtigen Pfiff. Das Gemüse bleibt auch mariniert lange frisch.
Dazu passen: Sahnige Saucen, Nüsse, Samen und Äpfel

6. Avocado
Prüfen Sie beim Einkauf die Avocado auf ihren Reifezustand: Sie muß weich, aber dennoch schnittfest sein. Wichtig: Immer erst zum Schluß unter den Salat mischen, da die Frucht rasch unansehnlich wird.
Dazu passen: Zitrussäfte, feingehackte Schalotten und Kräuter

7. Paprika
Ob rot, gelb, grün oder violett – Paprikaschoten werden ganzjährig angeboten. Da sie auch mariniert lange frisch bleiben, eignen sie sich ideal für Nudel- oder Reissalate, die längere Zeit durchziehen müssen.
Dazu passen: Wenig Knoblauch, Zwiebeln und Oliven. Der dominante Paprikageschmack verträgt kräftige Gewürze.

8. Zwiebeln
Ist die Zwiebel Hauptbestandteil eines Salates, sind die milde Gemüsezwiebel oder rote Zwiebeln vorzuziehen. Milde Salate unbedingt mit Schalotten würzen.
Passen zu allen Salaten, in feine Würfel oder hauchdünne Ringe geschnitten

1

2

3

4

5

6

7

8

9

10

11

12

13

14

15

16

9. Kohlsorten
Salate aus **Rot-** oder **Weißkohl** sind die typischen Wintersalate. Feingeschnitten, »mürbe« geknetet und mit ausgebratenen Speckwürfeln oder reichlich Öl angemacht, schmecken sie am besten. Beim **Chinakohl** kann man auf Grund der feineren Blattstruktur auf das Kneten verzichten.
Dazu passen: Nüsse, cremige Saucen, Früchte

10. Sellerieknolle
Gekochte Sellerieknolle, geschält und in Scheiben geschnitten, mit einer Essigmarinade angemacht, ist ein Klassiker der deutschen Küche. Zusammen mit Äpfeln und Nüssen wird daraus der klassische »Waldorfsalat«. Rohen Sellerie sofort unter die Salatsauce mischen und mit Zitrone würzen, nur so bleibt er appetitlich weiß!
Dazu passen: Zwiebelwürfel, Früchte, cremige Dressings

11. Rote Bete
Rote Bete schmeckt sowohl gekocht und mariniert als auch roh gerieben und mit Früchten kombiniert. Feingeschnitten und unter einen Blattsalat gemischt, liefert sie reichlich Vitamine und Mineralstoffe.
Dazu passen: Kümmel oder ein Hauch Koriander

12. Möhren
Nur aus wirklich frischen Möhren sollte man Rohkost zubereiten. Ansonsten ist es besser, sie im Ganzen zu kochen, dann mit einem Buntmesser in Scheiben zu schneiden und mit einer Vinaigrette zu marinieren.
Dazu passen: Zwiebelwürfel oder, für eine süße Variante, Zitrone, Apfeldicksaft, Honig oder etwas Zucker und Nüsse

13. Pilze
Champignons oder Egerlinge schmecken roh als eigenständiger Salat oder unter Blattsalate gemischt. Andere Pilze brät man, bevor man sie über Salat streut, in zerlassener Butter. Rohe Pilze unbedingt mit Zitronensaft beträufeln, damit sie sich nicht verfärben.
Dazu passen: frischer Meerrettich, Petersilie

14. Spargel
Mittlerweile gibt es grünen oder weißen Spargel fast ganzjährig! Frisch gestochen, von Mai bis Juni, schmeckt er aber immer noch am besten. Gekochte Spargelstangen noch warm marinieren. Rohen Spargel in hauchdünne Scheiben schneiden und mit einer würzigen Vinaigrette beträufeln.
Dazu passen: alle Frühlingskräuter und kleingehackte hartgekochte Eier

15. Grüne Bohnen
Ob die Bohnen unter Vorspeisensalate gemischt oder als eigenständiger Salat serviert werden – man sollte sie immer bißfest kochen und gut durchziehen lassen.
Dazu passen: Bohnenkraut, Zwiebelwürfel

16. Kartoffeln
Von den zahlreichen Kartoffelsorten sollte man für Salate unbedingt eine festkochende Sorte verwenden. Die bekanntesten Sorten sind Sieglinde, Hansa, Nicola, Selma, Linda, Cilena oder Forelle. Die Kartoffeln unbedingt noch warm schälen, in Scheiben schneiden und sofort anmachen.
Dazu passen: Zwiebeln und Pfeffer

1

SPROSSEN

Nur etwas Wasser reicht aus, um die trockenen Samen zum Leben zu erwecken. Es weicht die Schale auf und mobilisiert die Keimanlage im Inneren! Allmählich entwickeln sich daraus wertvolle Energieträger, entstanden aus den konzentrierten Nährstoffträgern des Samens.

Sprossen sind gesund!
Das Keimen ist vergleichbar mit der Vorverdauung – die Nährstoffe verändern sich. Die gespeicherten Fett- und Kohlenhydratvorräte in den Samen dienen den Keimlingen als Energiequelle und sind daher in den Sprossen kaum noch enthalten. Der Gehalt an Vitaminen und Mineralstoffen erhöht sich beachtlich und wird für den Körper leichter verwertbar. Gleichzeitig verbessert sich durch den Keimprozeß der Sprossen die Eiweißqualität, das Eiweiß wird leichter verdaulich!

Was alles keimt und sprießt
Fast alle Getreidesorten eignen sich zum Keimen. Kaufen Sie allerdings nur Körner, die als »keimtauglich« bezeichnet sind. Getreide direkt vom Bauern ist häufig ungereinigt und kann, da es nicht fachmännisch kontrolliert wird, auch ein giftiges Mutterkorn enthalten.
Überaus beliebt sind auch die aus Hülsenfrüchten gezogenen Sprossen, allen voran Soja- und Mungobohnen. Aber auch Linsen, Kichererbsen, Adzukibohnen, Erbsen und weiße Bohnenkerne schmecken gekeimt köstlich. Vorsicht aber bei Sprossen von echten Sojabohnen, Erbsen und Kichererbsen: Sie enthalten gesundheitsschädliche Stoffe, die durch das Keimen nicht völlig abgebaut werden. Kurzes Blanchieren ist deshalb ratsam.

Keimfähige Hülsenfrüchte
Die im Lebensmittelgeschäft angebotenen Hülsenfrüchte werden normalerweise zum Kochen verwendet und sind daher meist mit keimhemmenden Stoffen behandelt. Kaufen Sie deshalb spezielle, als »keimfähig« gekennzeichnete Hülsenfrüchte.

Spitzenreiter unter den grünen Sprossen aus Samen ist die Gartenkresse. Noch schärfer und würziger schmecken allerdings Sprossen aus Rettich-, Senf- und Bockshornkleesamen.

Sprossen selber ziehen
- Keimgut in reichlich Wasser waschen. An der Wasseroberfläche schwimmende Teile entfernen, abtropfen lassen.
- Dann in der drei- bis fünffachen Menge handwarmem Wasser einige Stunden quellen lassen.
- Erneut waschen und in ein sauberes Glas oder eine Keimschale legen. Einmachgläser immer mit einem luftdurchlässigen Material (z. B. Mulltuch) abdecken und so auf ein Gitter stellen, daß das Wasser durch das Tuch abtropfen kann.
- Sprossen zweimal täglich mit lauwarmem Wasser durchspülen, um einer Schimmelbildung vorzubeugen.
- An einem dunklen Ort ankeimen lassen. Sobald die Keimspitzen sichtbar werden, ans Licht stellen, aber niemals in die Sonne.
- Temperaturen von 18° bis 22° C sind ideal!

2

3

4

5

6

7

1. Rettichsamen
Einweichzeit: ca. 6 Stunden
Keimzeit: je nach Länge 3 bis 6 Tage
Keimlänge: 4 mm bis 3 cm
Geschmack: scharf, wie Rettich
Ertrag: 1 EL Samen ergibt 50 g Keimlinge
Besonderheiten: bildet kleine Wurzeln
Verwendung: als pikantes Würzmittel für Salat oder Quark

5. Sojabohnen
Einweichzeit: 12 Stunden
Keimzeit: 3 bis 6 Tage
Keimlänge: ca. 1 cm
Geschmack: knackig frisch, erbsenähnlich
Ertrag: 1 Tasse Samen ergibt ca. 250 g Keimlinge
Besonderheiten: Nicht roh verzehren – kurz blanchieren!
Verwendung: für Salate und Füllungen

2. Bockshornkleesamen
Einweichzeit: ca. 7 Stunden
Keimzeit: 2 Tage
Keimlänge: entspricht der Samenlänge
Geschmack: orientalisch
Ertrag: 1 Tasse Samen ergibt eine Tasse Keimlinge
Besonderheiten: Rasch verzehren, da die Keimlinge schnell bitter werden!
Verwendung: in kleinen Mengen für fernöstliche Salate

6. Adzukibohnen
Einweichzeit: 12 Stunden
Keimzeit: 3 bis 5 Tage
Keimlänge: ca. 1,5 cm
Geschmack: leicht süßlich
Ertrag: 1 Tasse Samen ergibt ca. 250 g Keimlinge
Besonderheiten: Nicht roh verzehren – kurz blanchieren!
Verwendung: für Salate

3. Kichererbsen
Einweichzeit: 12 Stunden
Keimzeit: 3 bis 5 Tage
Keimlänge: 1 bis 2 cm
Geschmack: nußartig, erbsenähnlich
Ertrag: 1 Tasse Erbsen ergibt ca. 250 g Keimlinge
Besonderheiten: Nicht roh verzehren – kurz blanchieren!
Verwendung: für Eintöpfe oder Salate

7. Roggen- und Weizenkörner
Einweichzeit: 12 Stunden
Keimzeit: 2 bis 4 Tage
Keimlänge: entspricht der Kornlänge
Geschmack: leicht süßlich, nussig
Ertrag: 1 Tasse Körner ergibt 150 g Keimlinge
Besonderheiten: Unbedingt im Dunkeln ankeimen lassen!
Verwendung: für Salate und Rohkost

4. Mungobohnen
Einweichzeit: 12 Stunden
Keimzeit: 4 bis 6 Tage
Keimlänge: 1 bis 2 cm
Geschmack: frisch, gemüsig
Ertrag: 1 Tasse Samen ergibt ca. 250 g Keimlinge
Besonderheiten: eiweißreich
Verwendung: Salate jeder Art

8. Senfkörner (ohne Abbildung)
Einweichzeit: ca. 6 Stunden
Keimzeit: 4 bis 8 Tage
Keimlänge: 2 mm bis mehrere cm
Geschmack: Pikant, senfähnlich
Ertrag: 1 EL Samen ergibt 50 g Keimlinge
Besonderheiten: neigt zur Schleimbildung, verdauungsfördernd
Verwendung: für Salate; nur kleine Mengen verwenden

KRÄUTER

Frische Kräuter fördern den Appetit und machen die Speisen leichter verdaulich. Außerdem helfen sie Salz zu sparen und bereichern den Salat zusätzlich mit Vitaminen. Kräuter verleihen jedem Salat eine ganz spezielle Note.

Tips für das Kräutergärtchen
Da Kräuter frisch geerntet das meiste Aroma haben, ist für »Salat-Fans« ein Kräutergarten, und sei es in der Mini-Ausgabe auf der Fensterbank, sinnvoll.

- Viele Küchenkräuter sind sehr bescheidene Gewächse, denen häufig ein Blumentopf ausreicht, wie z. B. Schnittlauch, Petersilie, Basilikum, Bohnenkraut, Dill, Kerbel, Kresse, Petersilie, Pimpinelle, Zitronenmelisse und Koriandergrün (Cilantro). Sie können notfalls auch im Zimmer gehalten werden.
- Estragon, Borretsch und Pfefferminze brauchen frische Luft und mehr Platz, zumindest einen großen Pflanzkübel.
- Am besten gedeihen die Kräuter, wenn man sie in Kompost oder Gartenerde pflanzt.
- 6 Wochen nach dem Einpflanzen mit Blumendünger gießen. Allerdings dürfen die Blätter nicht mit dem Dünger in Berührung kommen!
- Grundsätzlich nur die vollentwickelten Blätter ernten. Herzblätter auf keinen Fall abschneiden, da sonst die Pflanze nicht nachtreiben kann!
- Bereits geerntete, nicht verwendete Kräuter anfeuchten und in einem dichtschließenden Kunststoffbehälter oder in einer verschlossenen Plastiktüte im Kühlschrank aufbewahren.

Schnittlauch
Kann reichlich über fast alle Salate gestreut werden, vor allem Kartoffelsalat.

Basilikum (grün und rot)
Schmeckt nur frisch und am besten in Streifen geschnitten zu vollreifen Tomaten.

Dill
Die zarten Dillspitzen dürfen bei Gurken-, aber auch bei Krabbensalat nicht fehlen.

Estragon
Die Blätter der mehrjährigen Pflanze würzen Blattsalate und Kräuterdressings.

Pimpinelle
Die gezackten Blätter feingehackt unter Kräutersaucen, Blatt- und Eiersalate mischen.

Kerbel
Hat einen sehr würzigen Geschmack, der gut mit Gemüse- und Eiersalaten harmoniert.

Cilantro
Läßt sich aus Koriandersamen ziehen und verleiht Salaten eine eigenwillige, fernöstliche Note.

Bohnenkraut
Intensiviert durch Mitkochen das Aroma frischer Bohnen; paßt auch zu Hülsenfrüchten.

Borretsch
Würzt feingeschnitten Gurken- und Tomatensalat. Die Blüten über Blattsalate streuen.

Kresse
Gekauft oder selber gezogen – sie paßt zu fast allen Salaten.

Pfefferminze
In sehr kleinen Mengen unter Blattsalate; Würzmittel und Garnitur bei Dessertsalaten.

Zitronenmelisse
Intensiver, würziger Zitronengeschmack; paßt zu Kräutersaucen und Dessertsalaten.

WILDKRÄUTER

Sauerampfer
Gedeiht auf feuchten Wiesen. Die jungen Blätter schmecken würzig-sauer. Ernte: April/Mai.

Löwenzahn
Geerntet werden die jungen, leicht bitteren Blätter. Ernte: vor der Blüte, April/Juni.

Brennessel
Wächst überall! Die jungen Triebe schmecken spinatähnlich. Ernte: März/Mai.

Brunnenkresse
Gedeiht an fließenden Gewässern. Schmeckt scharf-würzig. Ernte: Mai/September.

Vogelmiere
Wächst fast überall. Schmeckt leicht säuerlich. Ernte: April/September.

Giersch
Bevorzugt schattige Plätze. Geschmack ähnelt der Petersilie. Ernte: Mai/September.

Rauke (Rucola)
Wächst wild in Italien und Frankreich. Kultiviert im Handel. Schmeckt stark würzig.

Schafgarbe
Liebt sonnige, feuchte Plätze. Bitterer, pfeffriger Geschmack. Ernte: Juni/November.

Scharbockskraut
Liebt feucht-schattige Plätze. Würziger Geschmack. Ernte: vor der Blüte im März.

Wiesenschaumkraut
Blätter, Stengelspitzen und Knospen sind verwendbar. Ernte: April/Mai.

Kapuzinerkresse
Liebt Sonne. Die Blätter wie auch die Blüten sind eßbar. Ernte: Mai/Juni.

Gänseblümchen
Blätter wie Blüten schmecken leicht nußig. Ernte: März/Oktober.

Früher waren wildwachsende Kräuter fester Bestandteil der täglichen Nahrung! Lange Zeit völlig vergessen, entdeckt man sie allmählich wieder. Was man lange als Unkraut ausgerupft hat, mischt man heute unter die feinsten Salate. Wildkräuter sind nicht nur sehr würzig im Geschmack, sie enthalten auch wesentlich mehr Vitamine, Mineral- und Ballaststoffe als gezüchtete Kräuter. Damit Sie bei einem Spaziergang nicht achtlos daran vorbeigehen, werden hier die bekanntesten vorgestellt.

Wildkräuter wachsen, wie der Name schon sagt, in freier Natur – auf Wiesen, Äckern, Wegrändern, an Zäunen oder in Gräben. Vergleichende Untersuchungen mit Kulturkräutern haben ergeben, daß sie mehr wertvolle Inhaltsstoffe enthalten. Allerdings sind auch sie nicht völlig frei von Schadstoffbelastungen. Daher auch Wildkräuter sorgfältig waschen! Frische Wildkräuter schmecken als Salat, kurz gedünstet als Gemüse und Suppe sowie feingehackt als Würzmittel eines Salatdressings. Es lohnt sich also, die Augen aufzuhalten und zu sammeln.

Sammeltips:

- Nur Kräuter mitnehmen, die man sicher kennt.
- Nicht in der Nähe einer stark befahrenen Straße, eines Hundespazierweges oder einer Müllhalde sammeln.
- Nur bei trockener Witterung sammeln.
- Nur junge, zarte Blätter und Triebe ernten.
- Sammelgut in einen luftigen Korb legen, nicht drücken!
- Am gleichen Tag verarbeiten oder wenig anfeuchten, locker in eine Plastikdose legen und gut verschlossen kühl stellen.

FRÜCHTE

Einheimische und exotische Obstsorten können nicht nur zu delikaten Fruchtsalaten verarbeitet werden, sie verleihen so manchem pikanten Salat eine raffinierte Note. Fast alle Obstsorten werden ganzjährig angeboten, dennoch sind sie nicht immer gleich aromatisch. Deshalb hier einige Informationen, wann welche Früchte am besten schmecken und womit sie besonders gut harmonieren.

1. Orangen (rechts)
Grobporige Orangen eignen sich für Salate und zum Filetieren am besten. Saftorangen besitzen eine glatte Schale.
Saison: November bis März, ab Juni aus Südafrika
Verwendung: Fruchtsalate, Hähnchen- und Fischsalate

1. Grapefruit (links)
Der Geschmack variiert je nach Sorte von leicht herbsäuerlich-bitter bis süßlich.
Saison: ganzjährig, am aromatischsten sind die Früchte von November bis Februar
Verwendung: Eisbergsalat, Hähnchen- und Fruchtsalate

2. Mango (links)
Es gibt verschiedene Mangosorten, die sich in Größe und Farbe unterscheiden. Die Farbe ist kein Hinweis auf die Reife.
Saison: Importe aus den unterschiedlichsten Ländern, ganzjährig gute Qualitäten
Verwendung: Fruchtsalate, Salate mit Geflügel oder Meeresfrüchten

2. Ananas (rechts)
Überwiegend Import aus afrikanischen Ländern; seit kurzem gibt es auch die Baby-Ananas für den Singlehaushalt.
Saison: ganzjährig, am preiswertesten und aromatischsten von September bis Dezember
Verwendung: Fruchtsalate, Salate mit Kasseler, Geflügel oder Krabben

3. Datteln (links)
Frische Datteln kommen tiefgekühlt hauptsächlich aus Israel. Vor dem Weiterverarbeiten die Haut abziehen!
Saison: Ernte ab Oktober, da aber die Früchte ohnehin tiefgefroren versandt werden, werden sie ganzjährig angeboten
Verwendung: exotische Frucht-, Geflügel- oder Fleischsalate; unter Eisberg- oder Chicoréesalat mit Roquefortdressing

3. Feigen (rechts)
Es gibt viele verschiedene Feigensorten: Die grünen schmecken leicht säuerlich, die violettefarbenen eher süßlich.
Saison: September bis Januar erntefrisch aus den Mittelmeerländern, sonst aus den USA, Südamerika und Australien
Verwendung: Fruchtsalate, vor allem in Kombination mit Käse

4. Tamarillo (Baumtomaten)
Die zur Familie der Nachtschattengewächse stammenden Tamarillos müssen sehr sorgsam behandelt werden, da sie sehr druckempfindlich sind. Die Farbe variiert von orangegelb bis dunkelrot.
Saison: ganzjährig, überwiegend aus den südamerikanischen Ländern und aus Neuseeland.
Verwendung: Käse- oder Geflügelsalate; als pikante Note in süßen Fruchtsalaten. Vor dem Verzehr unbedingt häuten: Nur so kommt das würzige Aroma voll zur Geltung.

1

2

3

4

5

6

7

8

5. Wald- und Beerenfrüchte
Himbeeren, Erdbeeren, Heidelbeeren, Brombeeren und Preiselbeeren gibt es kultiviert in den Sommermonaten, die im Wald gesammelten Früchte haben jedoch das intensivste Aroma.
Saison: Mai bis August, je nach Sorte; Preiselbeeren werden erst im Herbst geerntet
Verwendung: Beeren- oder Obstsalate; Erdbeeren zu Blatt- oder Hähnchensalaten; gekochte Preiselbeeren zu Wildgerichten

6. Äpfel
Von den unzähligen Sorten sind die leicht säuerlichen wie Boskop, Cox Orange oder Gravensteiner für Salate zu bevorzugen. Nach dem Schälen und Kleinschneiden sofort mit Zitronensaft beträufeln, damit sie sich nicht verfärben.
Saison: ganzjähriges Angebot; heimische, erntefrische Äpfel von August bis November
Verwendung: Fruchtsalate, Fleisch-, Wild- und Wurstsalate, Herings- und Kartoffelsalat, Chicoréesalat

7. Birnen
Die bekanntesten Sorten sind Williams Christ, Gute Luise, Kaiser Alexander oder Butterbirne. Birnen haben wenig Fruchtsäure und sind meist ziemlich süß.
Saison: ganzjähriges Angebot; heimische, erntefrische Birnen von Ende August bis Oktober
Verwendung: Fruchtsalate, unter Wild- und Chicoréesalate; zu geraspelten Möhren, Sellerie oder Blumenkohl, angemacht mit einer cremigen Sauce

8. Weintrauben
Blau oder weiß, klein oder groß, das ist Geschmackssache. Weintrauben mit Kernen sollte man jedoch vor der Weiterverwendung halbieren und entkernen.
Saison: ganzjähriges Angebot, einheimische Ernte jedoch im Herbst
Verwendung: Fruchtsalate, Dessertsalate mit Käse, unter Wild- und Geflügelsalate

ESSIG, ÖL UND GEWÜRZE

Ein altfranzösisches Sprichwort sagt: »Für eine wirklich schmackhafte Salatsauce benötigt man vier Menschen – einen Verschwender für das Öl, einen Geizhals für den Essig, einen Weisen für das Salz und einen Narr zum Wenden und Mengen.«
Heute verlangt die riesige Auswahl an unterschiedlichen Essig- und Ölsorten zusätzlich ein gutes Fingerspitzengefühl. Nicht jeder auch noch so raffinierte Essig paßt zu jeder Salatsorte! Falls Sie sich nicht sicher sind, probieren Sie immer erst einmal eine kleine Menge!

Essig
Essig entsteht beim Vergären von Wein, Reis, Malzgerste, Branntwein oder Früchten. Dementsprechend ist die Würzkraft und der Säuregehalt der verschiedenen Essigsorten sehr unterschiedlich.
In letzter Zeit findet man immer häufiger Essig im Angebot, der mit Kräutern oder anderen Würzmitteln aromatisiert ist. Hier die bekanntesten Essigsorten:

Essigessenz ist neutral sauer und ohne jegliches Aroma. Da der Säureanteil sehr groß ist, muß die Essenz unbedingt verdünnt, sehr sparsam und mit Aromastoffen angereichert verwendet werden.

Weißweinessig reift in Eichenfässern und besitzt eine sehr feine Säure. Diese wird betont, wenn man zusätzlich noch etwas Weißwein unter die Marinade mischt.

Rotweinessig zeichnet eine herbe, kräftige Säure aus. Ein paar Löffel guter Rotwein verstärken das Aroma.

Apfelessig ist mild und apfelfruchtig im Geschmack. Man kann davon etwas größere Mengen verwenden, ohne daß die Sauce zu sauer wird.

Sherryessig sparsam dosieren und die Marinade eventuell mit ein wenig halbtrockenem Amontillado-Sherry abrunden.

Zitronenessig besticht durch seinen intensiven Zitronengeschmack.

Kräuteressig kann man leicht selber herstellen. Es gibt ihn aber auch fertig, zum Teil noch mit den Zweigen der entsprechenden Kräuter, zu kaufen. Am verbreitetsten ist Estragon-, Schalotten- oder Knoblauchessig. Wichtig ist, daß die Salatzutaten mit dem entsprechenden Würzmittel gut harmonieren. Eventuell die gleichen frischen Kräuter unter den Salat mischen.

Fruchtessig, wie Himbeer- oder Erdbeeressig, gibt dem Blattsalat eine besondere Note. Sparsam verwenden, denn Fruchtessige haben eine kräftige Säure.

Aceto Balsamico – der feinste, aber auch teuerste Essig. Je länger der italienische Essig aus Modena in Holzfässern reift, teilweise über 20 Jahre, um so besser und kostspieliger wird er. Was unter der Bezeichnung »Balsamessig« im Handel ist, ist überwiegend ein Verschnitt und hat meist eine Reifezeit von etwa 3 bis 5 Jahren. Dennoch ist die Würzkraft so stark, daß auch dieser eine Bereicherung für die Küche darstellt.

Öl

Öl wird aus Samen oder Früchten gewonnen, die unterschiedlich starke Aromen haben. Die Qualität des Öls hängt im wesentlichen von der Art der Ölgewinnung ab. Für die Zubereitung von Salatsaucen sind kaltgepreßte Öle empfehlenswert, denn sie enthalten besonders viele fettlösliche Vitamine, reichlich lebensnotwendige Fettsäuren und ausgeprägte Geschmacksstoffe der Samen oder Früchte. Es werden vorwiegend sehr aromatische Ölfrüchte kalt gepreßt.

Aroma-intensive Öle sind:
Olivenöl, Kürbisöl, Distelöl Traubenkernöl, Sesamöl und Öl aus Wal- und Haselnüssen. Da diese Öle meist den zarten Salatgeschmack übertönen würden, ist eine Mischung mit geschmacksneutralem Öl oftmals ideal!

Neutral im Geschmack sind:
Sojaöl, Maiskeimöl, Sonnenblumenöl und Erdnußöl. Hier werden die Ölfrüchte meist warm gepreßt und anschließend gereinigt. Bei dieser Herstellungsweise ist die Ausbeute ergiebiger, daher sind die Öle auch preiswerter. Ein ausgeprägtes Fruchtaroma fehlt allerdings. Auch diese Öle sind reich an essentiellen Fettsäuren, allerdings nicht ganz so vitaminhaltig.

Grundsätzlich gilt:
- Kaltgepreßte Öle nur in kleinen Mengen kaufen, da sie geöffnet rasch ranzig werden.
- Alle Ölsorten kühl und dunkel aufbewahren. Lichtgeschützte Behälter, wie z. B. braune Glasflaschen, bevorzugen!
- Geschmacksneutrale Öle eignen sich für: Salatzutaten mit ausgeprägtem Geschmack (z. B. rote Bete oder Sellerie), Salate, bei denen die hinzugefügten Kräuter, der Essig und das Gewürz dominieren sollen (z. B. Gurkensalat mit Dill), Mayonnaisen oder würzige Dressings.
- Aroma-intensive Öle müssen mit den jeweiligen Salatzutaten harmonieren. Nußöl paßt zu bitteren Blattsalaten, Wildsalaten, Salaten mit Nüssen oder Samen. Tomaten mit feinstem kaltgepreßten Olivenöl, und Kartoffelsalat mit Kürbiskernöl verfeinern.

Gewürze

Mengenmäßig spielen die Gewürze zwar eine untergeordnete Rolle, aber richtig ausgewählt und dosiert sind sie es, die aus noch so einfachen Salaten etwas ganz Besonderes machen.

Welche Gewürze passen zu welchem Salat?

Weißer und schwarzer Pfeffer:
alle Salate

Grüner Pfeffer:
Fleisch-, Nudel- und Eiersalat

Cayennepfeffer:
Eier-, Fisch-, Meeresfrüchte-, Fleisch- und Gemüsesalat

Curry:
Chicoréesalat mit Früchten, Eier-, Krabben- und Geflügelsalat

Korianderpulver:
Rote Bete, Geflügel- und Fischsalat

Kümmel:
Rote Bete, Weißkohlsalat

Frisch geriebene Ingwerwurzel:
Geflügel-, Fisch-, Rohkost- oder Reissalat

DIE WICHTIGSTEN HILFSGERÄTE IN DER SALATKÜCHE

Sind Sie ein richtiger »Salat-Fan«? Wenn ja, lohnt sich die Anschaffung einiger praktischer und nützlicher Hilfsgeräte in jedem Fall. Achten Sie beim Kauf auf gute Qualität und Funktionalität.

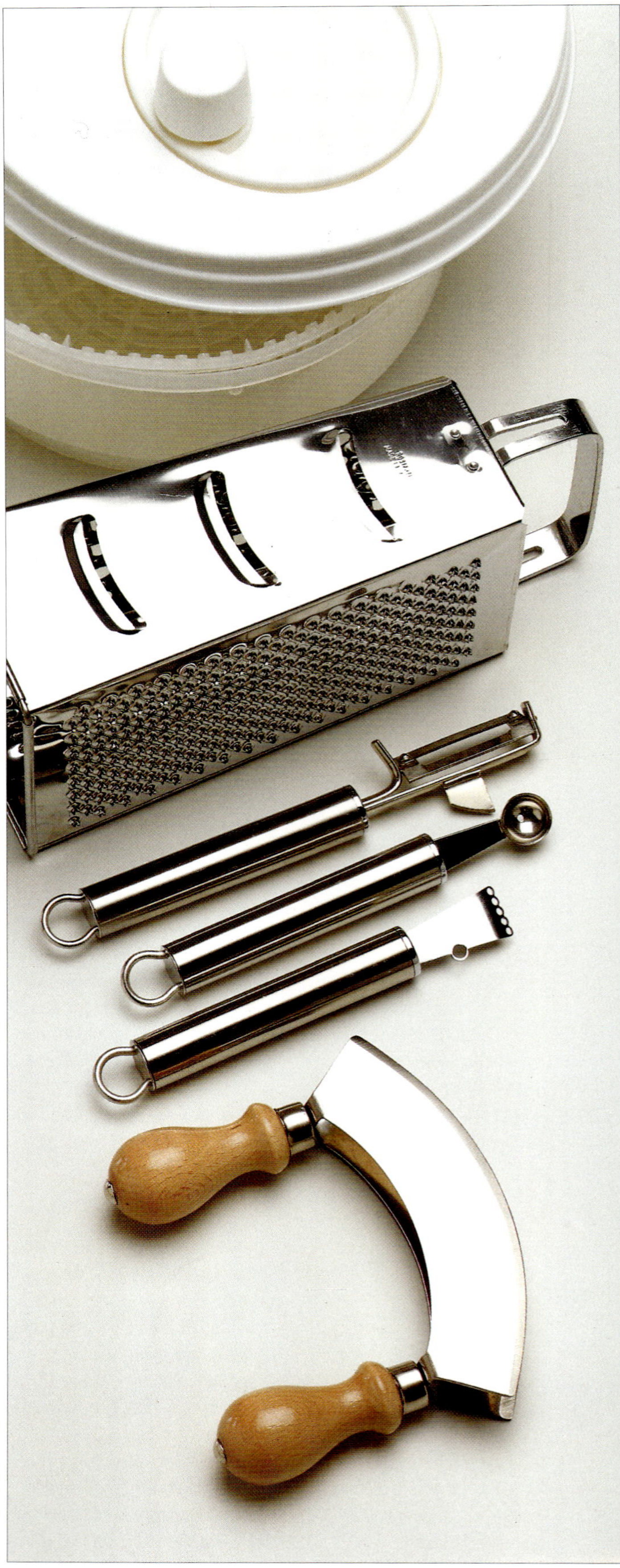

Salatschleuder
Auf eine Salatschleuder sollten Sie nicht verzichten, denn sie verhindert verwässerte Salatsaucen. Eine Salatschleuder besteht aus drei Teilen: einem gelöcherten Salatkorb, einem Auffangbehälter und einem Deckel mit Drehkurbel. Die Schleuder ist immer aus Kunststoff und wird in verschiedenen Größen, z. B. auch für Single-Salatportionen oder für Kräuter, angeboten.

Durchschlag oder Seiher
Zum Abtropfen von Salat und Gemüse sowie gekochten Nudeln ist ein Durchschlag sehr hilfreich. Der Boden sollte rund gewölbt sein und Füße und eine hochgezogene Seitenlochung haben, da sonst das Wasser nicht gut abtropfen kann. Am haltbarsten und stabilsten ist ein Durchschlag aus Metall.

Kugelausstecher
Mit einem Kugelausstecher formt man z. B. aus Melonen oder anderen Früchten kleine Kugeln, die in einem Obstsalat besonders hübsch aussehen.

Juliennereißer
Mit Hilfe eines Juliennereißers kann man von Orangen- oder Zitronenschalen feine Streifen abziehen und Salate damit bestreuen.

Pendel- und Sparschäler
Sie sind unerläßlich zum Schälen von Gurken, Kartoffeln und vielen anderen Gemüsesorten. Probieren Sie aus, mit welcher Art Sie besser zurechtkommen.

Kräutermühle
Man kann die Kräuter entweder mit einem Wiegemesser fein hacken oder mit einer Kräutermühle direkt über dem Salat oder der Salatsauce zerkleinern!

Wiegemesser
Kräuter, Zwiebeln oder Knoblauch werden mit Hilfe eines Wiegemessers besonders fein zerhackt. Achten Sie darauf, daß die Griffe gut in der Hand liegen. Speziell geformte Küchenbretter erleichtern das Zerkleinern.

Rohkostreibe oder Vierkantreibe
Die meisten Küchenmaschinen sind zwar mit diversen Reibaufsätzen ausgestattet, aber für kleine Mengen lohnt sich der Zusammenbau und der Abwasch nicht. Die altbewährte Vierkantreibe aus Edelstahl ist daher auf jeden Fall eine praktische Ergänzung.

Salatschüsseln
2 bis 3 Schüsseln in unterschiedlichen Größen sind sinnvoll. Die Schüsseln sollen immer so groß sein, daß der Salat gut gemischt werden kann. Am besten geeignet sind Schüsseln mit einem relativ runden Boden.

Salatbesteck
Ein Salatbesteck besteht aus einem glatten und einem gezackten Löffel.

Kleiner Schneebesen
Essig, Salz und Öl werden durch das Rühren mit einem Schneebesen zu einer homogenen Vinaigrette verarbeitet.

Knoblauchpresse
Die Presse zerkleinert den Knoblauch sehr fein. Mit herausnehmbarem Siebeinsatz wird das Verstopfen verhindert und das Reinigen erleichtert.

Grapefruit- oder Orangenschäler
Man benötigt ihn zum Aufreißen der Schale mit dem Ziselierhaken und Abziehen der Schale sowie zum Auslösen von Filets mit dem gebogenen Messerteil.

Buntmesser
Zum dekorativen Zerteilen von gekochten Möhren, Sellerie oder rote Bete in gewellte Scheiben, Würfel oder Stifte.

Tourniermesser
Durch die kurze, leicht gebogene Klinge lassen sich Gemüse besonders gut in Form schneiden oder Stielansätze bei Tomaten entfernen.

Kleines Gemüsemesser
Das Messer mit der kurzen, dünnen, elastischen Klinge ist unbedingt notwendig zum Schälen gekochter Kartoffeln oder zum Putzen von Salat und Gemüse.

Pellkartoffelgabel
Am besten kann man Kartoffeln abziehen, wenn sie noch dampfend heiß sind. Eine Pellkartoffelgabel ist unbedingt nötig, da mit einer herkömmlichen Gabel die weiche Kartoffel leicht zerfällt.

Eierschneider
Hartgekochte Eier werden längs oder quer schnell in gleichmäßige Scheiben geschnitten.

Schaumlöffel
Wichtig zum Einlegen und Herausheben von Gargut in oder aus Flüssigkeiten.

Schneidbrett
Ein dickes, stabiles, großes Holz- oder Plastikbrett sollte in keinem Haushalt fehlen. Haftfüße an der Unterseite verhindern ein Rutschen während des Schneidens.

Zitruspresse
Zum Auspressen von Zitrusfrüchten, ohne die Bitterstoffe aus der Schale zu lösen. Die Kerne werden aufgefangen. Bei elektrischen Pressen ist die Saftausbeute ergiebiger.

Pfeffermühle
Besonders aromatisch schmeckt Pfeffer nur frisch gemahlen. Nur eine Mühle mit gutem Mahlwerk kaufen.

Abkürzungen für Maßangaben:

l, ltr	Liter
ml	Milliliter
kg	Kilogramm
g	Gramm

1000 g = 1 kg = 1 l
1 g = 1 ml = 1 ccm
Prise = die Menge, die Sie zwischen zwei Fingern halten können.

Msp.	Messerspitze
EL	Eßlöffel
TL	Teelöffel

Richtwerte für Maßangaben:
Gewicht verschiedener Lebensmittel, bezogen auf einen gestrichenen EL/TL:

Lebensmittel	1 EL	1 TL
Salz	15 g	5 g
Öl	12 g	4 g
Butter, Margarine	15 g	5 g

1 Tasse = 125 ml
1 Suppenteller = 250 ml

Kopfsalat
Obwohl die inneren, gelben Blätter oft bevorzugt werden, enthalten die äußeren, dunkelgrünen Blätter laut wissenschaftlicher Untersuchungen mehr Vitamin C und am wenigsten Nitrat. Es ist daher ratsam, den inneren Strunk und die Blattrippenansätze zu entfernen.

Blätter vom Strunk ablösen, welke und fleckige Stellen sowie die Rippenansätze entfernen.

In einer großen Schüssel oder im Spülbecken in reichlich kaltem Wasser rasch, aber sorgfältig waschen.

In einer Salatschleuder trockenschleudern und anschließend in mundgerechte Stücke zerteilen.

Feldsalat
Feldsalat welkt leider sehr schnell. Am besten bewahrt man ihn, leicht angefeuchtet, locker in einer großen, verschlossenen Plastiktüte auf. Gründliches Waschen ist sehr wichtig, da sich zwischen den kleinen Blättern viel Sand versteckt. Den gewaschenen Salat nicht lange stehen lassen, da sonst Vitamine verloren gehen.

Vom Feldsalat die kleinen Wurzeln so abschneiden, daß die Blätter noch zusammenhalten. Welke Blätter entfernen.

In reichlich kaltem Wasser waschen. Salat herausheben und Wasser erneuern. So oft wiederholen, bis der Salat sauber ist.

Den Salat in einer Salatschleuder trockenschleudern oder auf einem Durchschlag gut abtropfen lassen.

Chicorée
Den Strunk keilförmig herausschneiden, dann nacheinander die einzelnen Blätter ablösen. Zusammen mit einem raffinierten Dressing als Partysnack servieren.
Will man einen Salat zubereiten, muß der Kopf wie nachfolgend beschrieben vorbereitet werden.

Chicorée waschen, der Länge nach halbieren und den Strunk mit einem Messer keilförmig herauslösen.

Die Hälften mit den Schnittflächen nach unten auf ein Brett legen und in der gewünschten Breite aufschneiden.

Radicchio oder Eisbergsalat ebenso vorbereiten oder Blätter ablösen, in Stücke zerteilen, dicke Blattrippen entfernen.

Salatgurke
Ob man Gurken schält oder nicht, ist reine Geschmackssache. Wenn man sie ungeschält aufschneidet, müssen sie vorher gründlich mit warmem Wasser gewaschen werden. Wenn man die Gurken nur teilweise schält, erhält man ein dekoratives Muster.

Gurke waschen, von der Blüte zum Stiel schälen. Falls der Stielansatz bitter schmeckt, ein Stück abschneiden.

Die Gurke mit Hilfe eines Gurkenhobels je nach Wunsch in feine oder dickere Scheiben schneiden.

Oder die Gurke streifenweise mit einem Zitrusschäler ziselieren, dann in nicht zu feine Scheiben schneiden.

Wurzelgemüse für Rohkost
Alle Wurzelgemüse, die als Rohkostsalat zubereitet werden, immer mit einem Sparschäler sehr dünn schälen, da direkt unter der Schale wertvolle Vitamine stecken. Dann entweder fein oder grob auf einer Rohkostreibe raspeln oder in Julienne schneiden.

Von Möhren oder ähnlichem Gemüse die Blätter entfernen. Gründlich waschen und bürsten, falls nötig dünn schälen.

Das jeweilige Gemüse auf der Rohkostreibe direkt in die vorbereitete Salatsauce reiben.

Oder die Wurzeln erst längs in dünne Scheiben, dann quer in feine Streifen (Julienne) schneiden.

Wurzelgemüse garen
Die Vorbereitung von allen Sorten von Wurzelgemüse ist immer dieselbe. Am vitaminschonendsten ist das Garen über Dampf. Zudem ist gedämpftes Gemüse viel geschmacksintensiver.

Wurzelgemüse sorgfältig mit einer Bürste unter kaltem Wasser reinigen und Wurzelenden und Blätter entfernen.

Das Gemüse auf ein Dampfsieb legen und in einem Dampfdrucktopf auf Aromastufe schonend garen.

Kalt abschrecken und die Haut mit einem Messer abziehen. Dann mit einem Buntmesser in Scheiben schneiden.

Zwiebel
Die Wahl der richtigen Zwiebelsorte ist für jeden Salat von Bedeutung. Schalotten oder weiße Zwiebeln sind relativ mild, die herkömmlichen Haushaltszwiebeln ziemlich scharf.

Wurzeln und Stengelende abschneiden und die Schale mit Hilfe der Messerspitze abziehen. Zwiebel längs halbieren.

Mit der Schnittfläche auf ein Brett legen und von der Spitze bis zum Wurzelende einschneiden, nicht durchschneiden!

Einige Male mit einem scharfen Messer waagrecht einschneiden. Gut festhalten und quer in feine Scheiben schneiden.

Knoblauch
Nehmen Sie für Salat immer frischen Knoblauch und entfernen Sie den mittleren grünen Keim. Ein alter Trick: Die Salatschüssel mit einer halbierten Knoblauchzehe ausreiben!

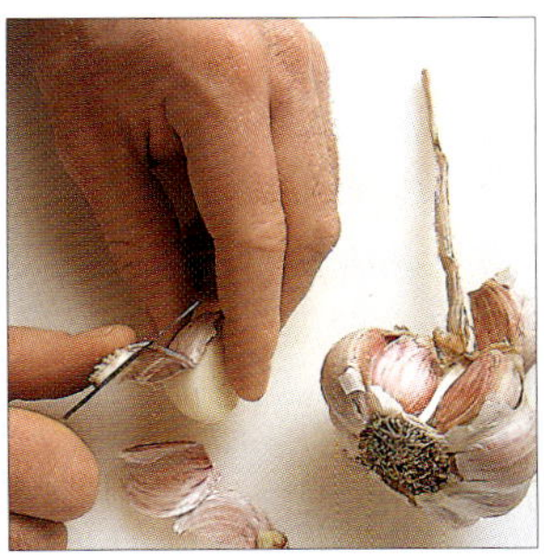

Die Knoblauchzehe von der Knolle ablösen und mit einem spitzen Messer die Schale abziehen.

Die Knoblauchzehe auf ein Kunststoffbrett legen, mit etwas Salz bestreuen und mit einem breiten Messer zerdrücken.

Oder Knoblauchzehe halbieren, den grünen Keim entfernen, in eine Knoblauchpresse geben und durchpressen.

VINAIGRETTE

Die klassische Salatsauce, die man mit etwas Fantasie immer wieder ein wenig anders gestalten kann. Sinnvoll ist es, vom Grundrezept gleich eine größere Menge zuzubereiten. In eine Flasche abgefüllt, hält sich die Vinaigrette im Kühlschrank einige Wochen. Vor dem Gebrauch immer wieder gut durchschütteln.

Für 4 Personen
Zubereitungszeit: 5 Minuten

- Salz
- frisch gemahlener Pfeffer
- 1/2 TL feinwürziger Senf
- 2 EL Weißwein- oder Rotweinessig
- 5 EL Keimöl
- 2 EL Weiß- oder Rotwein
- 1 EL frische gehackte Kräuter

Salz, Pfeffer, Senf und Essig mit einem kleinen Schneebesen so lange rühren, bis sich das Salz gelöst hat.

MAYONNAISE

Basis für viele klassische Salatsaucen ist eine Mayonnaise. Gewürzt mit frischen Paprikawürfeln und Chilisauce entsteht daraus eine Thousand-Island-Sauce. Bereiten Sie immer gleich eine größere Menge zu, denn die Sauce hält sich gut verschlossen mindestens 1 Woche im Kühlschrank.
Das Grundrezept kann beliebig variiert werden. Unbedingt auf frische Eier von guter Qualität achten!

Für 4 Personen
Zubereitungszeit: 15 Minuten

- 2 Eigelb, 1 TL Senf
- Salz, frisch gemahlener Pfeffer
- 2 EL Zitronensaft, 1/4 l Keimöl

Für die Thousand-Island-Sauce:

- 1/2 rote Paprikaschote, in Würfel geschnitten
- 1 EL Chilisauce
- 1 TL Paprikapulver, edelsüß
- 2 EL Schlagsahne

Eigelb, Senf, Salz und Pfeffer mit einem elektrischen Handrührgerät verrühren. Zitronensaft hinzufügen.

SALATSAUCE MIT GEKOCHTEM EIGELB

Wer nicht so gerne Mayonnaise aus rohem Eigelb verzehrt, sollte einmal diese Version ausprobieren. Wichtig ist dabei, daß das hartgekochte Eigelb fein gerieben wird, damit sich keine Klümpchen bilden. Diese Sauce eignet sich für Blattsalat, Rohkost oder Kartoffelsalat, aber auch als würzige Sauce zu Fondue.

Für 4 Personen
Zubereitungszeit: 15 Minuten

- 3 hartgekochte Eier
- 1 TL feinwürziger Senf
- Salz, frisch gemahlener Pfeffer
- Cayennepfeffer
- 2 bis 3 EL Zitronensaft oder Essig
- 100 ml Keimöl
- 1 Bund Schnittlauch
- 2 EL Tomatenwürfel

Eier schälen, das Eiweiß etwas einschneiden und das Eigelb im Ganzen herauslösen. Das Eiweiß fein hacken.

SALATSAUCE AUS MILCHPRODUKTEN

Für alle, die die leichte Küche lieben und ein wenig auf ihre Figur achten, sind Salatsaucen aus Milchprodukten ideal. Ob Sie sich für Mager-, Vollmilch- oder Sahnejoghurt entscheiden, für Sauerrahm oder Crème fraîche, bleibt völlig ihrem Geschmack überlassen.

Für 4 Personen
Zubereitungszeit: 10 Minuten

- 150 g Milchprodukte nach Wahl (z. B. Joghurt, Dickmilch, Sauerrahm, Crème fraîche)
- Salz, frisch gemahlener Pfeffer
- 1/4 TL feinwürziger Senf
- 2 bis 3 EL Zitronensaft
- 2 EL Olivenöl, kaltgepreßt
- 5 bis 8 Blätter Zitronenmelisse

Milchprodukt in eine Schüssel geben und mit Salz, Pfeffer und Senf verrühren. Mit dem Zitronensaft abschmecken.

Unter weiterem Rühren Öl und Wein dazugießen. So lange rühren, bis eine cremige Sauce entstanden ist.

Variation mit Honig: Zusätzlich 1 TL flüssigen Honig und 1 TL Aceto Balsamico darunterrühren.

Variation mit Walnußöl: Die Hälfte des Keimöls durch Walnußöl ersetzen und gehackte Nüsse daruntermischen.

Variation mit Sherryessig: Sherryessig und Orangensaft verwenden. Zusätzlich 1 EL Nußöl darunterrühren.

Das Öl tröpfchenweise unter Rühren dazugießen. So lange rühren, bis eine cremige Mayonnaise entstanden ist.

Thousand-Island-Sauce: Paprikawürfel, Chilisauce und Paprikapulver unter die Mayonnaise mischen.

Falls nötig, noch mit Zitronensaft und Salz würzen und die Sahne locker darunterziehen. Durchziehen lassen.

Variation mit Kräutern: Statt der Paprika und Gewürze 3 EL gehackte Kräuter und 1 gehackte Schalotte daruntermischen.

Eigelb auf der feinen Seite des Reibeisens in eine Schüssel reiben. Senf, Salz, Pfeffer und Zitronensaft darunterrühren.

Mit einem kleinen Schneebesen tröpfchenweise das Keimöl darunterschlagen, bis die Sauce cremig ist.

Den Schnittlauch fein schneiden und mit den Tomaten- und den Eiweißwürfeln unter die Sauce mischen.

Variation mit Kapern: Schnittlauch und Tomaten durch 1 EL Kapern und 1 EL gehackte Essiggurken ersetzen.

Öl unter Rühren hinzufügen, zu einer glatten, cremigen Sauce verrühren. Melisse fein hacken und daruntermischen.

Variation mit Kräutern: Melisse durch 2 EL gemischte, gehackte Kräuter und 1 EL gehackte Zwiebeln ersetzen.

Variation mit Ingwer: Melisse durch 1 TL feingeriebene Ingwerwurzel und 1 TL Curry ersetzen.

Variation mit Ketchup: Statt Melisse 2 EL Ketchup, etwas Chilipulver und 2 EL Orangensaft daruntermischen.

Frische Blattsalate

Kopfsalat hat Konkurrenz bekommen – immer bunter, noch würziger und knackiger präsentieren sich die neuen Blattsalate! Hier erfahren Sie, wie man sie anrichten kann.

GEMISCHTER BLATTSALAT

Eine knackiger, bunt zusammengestellter Salat ist keineswegs von der Jahreszeit abhängig. Während im Frühjahr Kopfsalat, junge Spinatblätter, Sauerampfer und Löwenzahn dominieren, stehen im Herbst und Winter unter anderem Feldsalat, Radicchio, Eis- und Eichblattsalat auf der Einkaufsliste. Eine würzige Vinaigrette und einige geröstete Nüsse sind das Tüpfelchen auf dem »i«. Weitere Anregungen, wie Sie eine Salatmischung immer wieder anders auf den Tisch bringen können, finden Sie auf den nächsten Seiten.

Für 4 Personen
Zubereitungszeit: 20 Minuten

1/2 Kopfsalat
1/2 Eichblattsalat
1/4 Friséesalat
1 Handvoll Feldsalat
einige Blätter Radicchio
4 Frühlingszwiebeln
12 Cocktailtomaten
1 Knoblauchzehe
Für die Vinaigrette:
1 TL feinwürziger Dijon-Senf
Salz
frisch gemahlener Pfeffer
1 TL Aceto Balsamico
1 bis 2 EL Rotweinessig
3 EL trockener Rotwein
1 EL Walnußöl
4 EL Olivenöl, kaltgepreßt
Außerdem:
30 g Walnußkerne
1 EL Keimöl
1 hartgekochtes Ei
1/2 Bund Schnittlauch

1. Von Kopf-, Eichblatt- und Friséesalat die äußeren, welken Blätter entfernen. Die restlichen Salatblätter ablösen, den Feldsalat sorgfältig putzen. Alle Sorten rasch in reichlich kaltem Wasser waschen, gut abtropfen lassen und in mundgerechte Stücke teilen.
2. Von den Frühlingszwiebeln die Wurzeln entfernen und mit einem Teil des Grüns in feine Scheiben schneiden. Die Cocktailtomaten waschen und halbieren. Die Knoblauchzehe quer halbieren und eine große Salatschüssel damit ausreiben. Die Salatblätter hineingeben.
3. Die angegebenen Zutaten zu einer Vinaigrette verrühren.
4. Walnußkerne grob hacken und in heißem Öl kurz anrösten. Das Ei schälen und in Würfel, den Schnittlauch in feine Röllchen schneiden.
5. Die Salatmischung mit der Vinaigrette übergießen und locker vermischen.
6. Mit gerösteten Walnüssen, Eierwürfeln und Schnittlauch bestreuen.

Pro Person:
Kalorien (kcal) 240
Eiweiß (g) 4
Fett (g) 21
Kohlenhydrate (g) 4

• Gleich die ganzen Salatköpfe putzen, waschen und trockenschleudern. Die Hälfte davon in einen großen Plastikbeutel geben und so verschließen, daß viel Luft in der Tüte ist. Der Salat bleibt auf diese Weise verpackt im Kühlschrank 1 bis 2 Tage frisch.
• Anstelle des Friséesalates kann man auch Escarol- oder Endiviensalat nehmen!

Salat putzen und waschen
Jeweils die äußeren, welken Blätter entfernen. Die übrigen Blätter ablösen. Vom Feldsalat die Wurzeln und gelbe Blätter entfernen. Die Salatmischung in reichlich kaltem Wasser rasch, aber gründlich waschen.

Trocknen und zerteilen
Die Blätter aus dem Wasser nehmen und in einer Salatschleuder trockenschleudern. Anschließend in mundgerechte Stücke teilen. Tomaten und geputzte Frühlingszwiebeln ebenfalls kurz waschen.

Vinaigrette zubereiten
Senf, Salz, Pfeffer und die beiden Essigsorten mit einem kleinen Schneebesen so lange verrühren, bis sich das Salz gelöst hat. Dann Rotwein und Öl darunterschlagen. Die Salatschüssel mit den halbierten Knoblauchzehen ausreiben.

Garnitur vorbereiten
Die Walnußkerne grob hacken. Öl in einer Pfanne erhitzen und die Nüsse darin bei mittlerer Hitze goldbraun und knusprig rösten. Das Ei schälen, halbieren und in kleine Würfel, den Schnittlauch in feine Röllchen schneiden.

Salat fertigstellen
Salatblätter, Tomaten und Zwiebeln in die Salatschüssel geben. Mit der Vinaigrette begießen und mit einem Salatbesteck so vermischen, daß alle Blätter mit der Salatsauce überzogen sind. Mit den Nüssen, Eierwürfeln und dem Schnittlauch bestreuen.

BLATTSALAT – IMMER WIEDER ANDERS

Ein Blick in den Kühl- und Vorratsschrank, etwas Phantasie und schon kann man aus einem Blattsalat eine leckere Vorspeise oder eine kleine Zwischenmahlzeit zaubern. Zur Einstimmung zeigen wir Ihnen einige der unzähligen Möglichkeiten. Dabei ist es wichtig, für die Vinaigrette die richtigen Essig- und Ölsorten und Gewürze zu wählen und so den jeweiligen Salatzutaten anzupassen.

Für 4 Personen
Zubereitungszeit:
15 bis 30 Minuten

Wählen Sie je nach jahreszeitlichem Angebot:
Kopfsalat, Endivien-, Escarol- oder Friséesalat, Eis- oder Bataviasalat, Feldsalat, Eichblattsalat, Chicorée, Romanasalat, Lollo rosso oder Lollo biondo, junge Spinatblätter, diverse Wildkräuter, oder eine Mischung aus verschiedenen Sorten

Den Salat, wie im Grundrezept auf Seite 31 beschrieben, vorbereiten, mit der Vinaigrette marinieren und beliebig garnieren. Die angegebenen Mengen für die Garnitur reichen für einen Vorspeisensalat. 30 bis 50 g geputzte Salatblätter sind dafür die ideale Grundlage. Für eine kleine Mahlzeit die Mengen verdoppeln.

1. Schinkenstreifen
80 g in dünne Scheiben geschnittenen, rohen oder gekochten Schinken erst der Länge nach halbieren, dann quer in sehr feine Streifen schneiden.
• Die Vinaigrette mit Keimöl zubereiten.

2. Speckkrusteln
80 g durchwachsenen Räucherspeck in Würfel schneiden und mit 1 TL Keimöl in einer Pfanne knusprig braten. Heiß über dem Salat verteilen und sofort servieren.
• Für die Vinaigrette Keimöl verwenden.

3. Kräuter-Eierstich
2 Eier schaumig schlagen, 1 EL gehackte Kräuter dazugeben und mit Salz und Pfeffer würzen. 1 1/2 cm hoch in eine kleine Form gießen und im heißen Wasserbad stocken lassen. Abgekühlt in Würfel schneiden und über dem Salat verteilen.
• Vinaigrette mit kaltgepreßtem Olivenöl und Estragonessig oder Zitronensaft zubereiten!

4. Käseflädli
2 Eier verrühren. 2 EL geriebenen Hartkäse hinzufügen, mit Salz und Pfeffer würzen. In einer beschichteten Pfanne in wenig Butter zu 2 dünnen Omeletts ausbacken. Abkühlen lassen, aufrollen, in feine Streifen schneiden und über den Salat streuen.
• Vinaigrette mit Schalotten, Weißweinessig und Keimöl zubereiten.

5. Croûtons
Pro Person 1/2 Scheibe Toastbrot in kleine Würfel schneiden und in heißem Keimöl knusprig braten. Statt des Weißbrots können Sie auch Bauern- oder Sonnenblumenbrot in Würfel schneiden und rösten.
• Dazu paßt jede Marinade.

6. Geröstete Nüsse
Statt der Walnüsse (siehe Grundrezept Seite 31) bestreuen Sie den Salat mit 50 g Erd-, Cashew-, Haselnüssen oder Pistazien. Frisch geröstet schmecken sie am besten.
• Unbedingt 1 bis 2 EL Nußöl unter die Vinaigrette rühren!

1

2

3

4

5

6

7

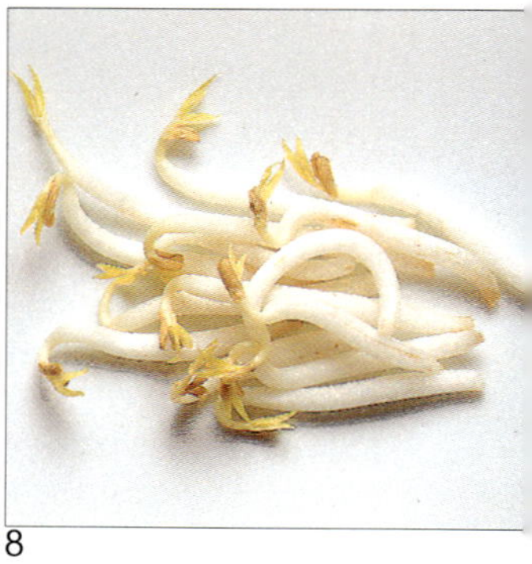
8

9

10

11

12

13

14

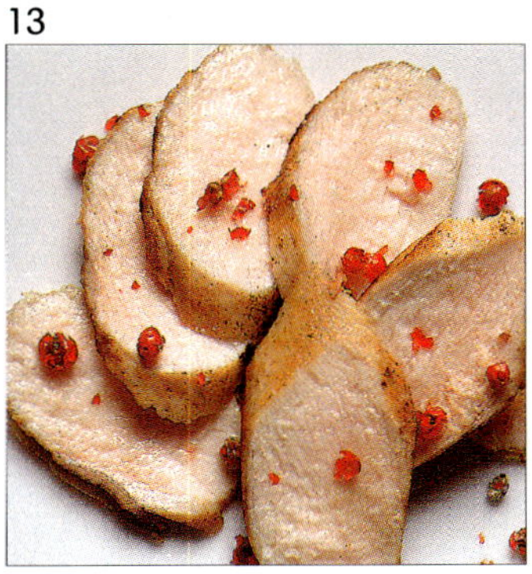
15

16

7. Geröstete Kerne/Samen
Pro Person je 1 EL Sonnenblumen-, Kürbiskerne oder Sesamsamen kurz in wenig Keimöl rösten und über den Salat streuen.
• Vinaigrette am besten mit dem entsprechenden Öl aus den Kernen/Samen herstellen.

8. Mungobohnenkeimlinge
Etwa 100 g Mungo- oder Sojabohnenkeimlinge machen den Salat nährstoffreicher.
• Ein wenig Nußöl und frisch gepreßter Zitronensaft in der Vinaigrette runden den Salat ab.

9. Hartkäse
100 g Emmentaler oder Leerdamer entweder in feine Streifen oder in kleine Würfel schneiden und mit feingeschnittenem Schnittlauch über den Salat streuen.
• Vinaigrette mit Sherryessig, kaltgepreßtem Olivenöl und 1 EL Nußöl zubereiten.

10. Schafskäse und Oliven
100 g frischen Schafskäse (Fetakäse) in Würfel schneiden und mit schwarzen Oliven über dem Salat verteilen.
• Vinaigrette unbedingt mit kaltgepreßtem Olivenöl zubereiten. Besonders würzig schmeckt der Salat, wenn man etwas getrockneten oder frischen Oregano darüberstreut.

11. Tofuwürfel
150 g abgetropften Tofu in Würfel schneiden, evtl. in heißem Keimöl anbraten und über den Salat streuen. Noch besser schmecken die Tofuwürfel, wenn man sie 1 bis 2 Stunden in eine Mischung aus Kräutern der Provence, feingehacktem Knoblauch und Keimöl einlegt.
• Vinaigrette aus Knoblauchessig und kaltgepreßtem Olivenöl zubereiten.

12. Zitrusfrüchte
Fruchtschnitze aus Grapefruits oder Orangen sind vor allem im Winter eine zusätzliche Vitamin-C-Anreicherung. Für einen Vorspeisensalat rechnet man 2 Früchte.
• Vinaigrette mit Zitronensaft, aufgefangenem Zitrussaft und Keimöl anrühren.

13. Meeresfrüchte
Salat mit 150 g ausgelösten, mit Zitronensaft marinierten Scampi oder mit 4 gebratenen, ausgelösten Riesengarnelen belegen.
• Vinaigrette mit Weißweinessig und kaltgepreßtem Olivenöl anrühren und mit Dill und Knoblauch würzen.

14. Räucherlachs
80 g Räucherlachs in feine Streifen schneiden und mit 1 hartgekochten, in Scheiben geschnittenen Ei über dem Salat verteilen.
• Vinaigrette mit Weißweinessig und Keimöl zubereiten, mit Dill bestreuen.

15. Kaninchenfilet
200 g Kaninchenfilet mit Salz und Pfeffer würzen und in heißem Keimöl von allen Seiten braten. Es muß innen noch rosa sein. Ca. 5 Minuten ruhen lassen, in dünne Scheiben schneiden und auf dem Salat anrichten. Mit geschrotetem roten Pfeffer bestreuen.
• Vinaigrette siehe Grundrezept Seite 26.

16. Gebratene Kalbsleber
2 Scheiben Kalbsleber (je 100 g) in heißem Keimöl kurz von beiden Seiten braten. Mit Salz und Pfeffer würzen, sofort in Streifen schneiden und auf dem Salat verteilen.
• Vinaigrette (siehe Grundrezept Seite 26) lediglich mit etwas Knoblauch würzen.

RUCOLASALAT MIT PARMESAN

Für 4 Personen
Zubereitungszeit: 15 Minuten

2 Bund Rucola
1 kleiner Radicchio
2 Schalotten
1 Knoblauchzehe
Für die Vinaigrette:
1 EL Aceto Balsamico
1 bis 2 EL Rotweinessig
Salz, frisch gemahlener Pfeffer
4 EL Olivenöl, kaltgepreßt
1 EL Walnußöl
Außerdem:
100 g junger Parmesan

1. Rucola verlesen, Radicchioblätter ablösen und beides waschen. Gut abtropfen lassen und in mundgerechte Stücke teilen.
2. Die Schalotten schälen und in Würfel schneiden. Mit den Schnittflächen der halbierten Knoblauchzehe die Salatschüssel ausreiben. Salatblätter und die Schalottenwürfel hineingeben.
3. Aus den angegebenen Zutaten eine Vinaigrette herstellen und unter den Salat mischen. Mit kleinen Parmesanstückchen bestreuen.

Pro Person:
Kalorien (kcal) 225
Eiweiß (g) 10
Fett (g) 19
Kohlenhydrate (g) 1

LÖWENZAHNSALAT MIT EGERLINGEN

Für 4 Personen
Zubereitungszeit: 25 Minuten

250 g junger Löwenzahn
200 g Egerlinge
1 EL Keimöl
50 g durchwachsene Räucherspeckwürfel
Salz
frisch gemahlener Pfeffer
1 EL gehackte Petersilie
Für die Vinaigrette:
1 TL feinwürziger Senf
Salz
frisch gemahlener Pfeffer
2 EL Aceto Balsamico
2 bis 3 EL trockener Rotwein
4 EL Olivenöl, kaltgepreßt

1. Löwenzahnblätter verlesen, waschen und gut abtropfen lassen. Egerlinge putzen und vierteln.
2. Öl erhitzen und erst die Speckwürfel, dann die Pilze darin anbraten. Mit Salz und Pfeffer würzen und mit Petersilie bestreuen.
3. Aus den angegebenen Zutaten eine Vinaigrette herstellen. Den Löwenzahn damit vermischen und mit den Pilzen und Speckwürfeln bestreuen.

Pro Person:
Kalorien (kcal) 220
Eiweiß (g) 4
Fett (g) 21
Kohlenhydrate (g) 0

SAUERAMPFERSALAT MIT MÖHREN

Für 4 Personen
Zubereitungszeit: 25 Minuten

150 g Sauerampfer
150 g junge Spinatblätter
2 große Möhren mit Grün
Für die Vinaigrette:
2 EL Himbeeressig
Saft von 1/2 Orange
Salz
frisch gemahlener Pfeffer
4 EL Olivenöl, kaltgepreßt
1 EL Haselnußöl
Außerdem:
2 EL Mandelblättchen

1. Sauerampfer- und Spinatblätter sorgfältig verlesen, gründlich waschen und gut trockenschleudern. Die Möhren putzen und auf einer Rohkostreibe grob reiben. Die inneren, zarten Möhrenblätter fein hacken.
2. Aus den angegebenen Zutaten eine Vinaigrette herstellen und mit den Salatzutaten vermischen.
3. Die Mandelblättchen in einer Pfanne goldbraun rösten und mit dem Möhrengrün über den Salat streuen.

Pro Person:
Kalorien (kcal) 195
Eiweiß (g) 4
Fett (g) 17
Kohlenhydrate (g) 6

GEMISCHTER WILDKRÄUTERSALAT

Für 4 Personen
Zubereitungszeit: 25 Minuten

200 g gemischte Wildkräuter (z. B. Sauerampfer, Brunnenkresse, Löwenzahn, feingehackte Vogelmiere, Gänseblümchen)
2 hartgekochte Eier
Für die Vinaigrette:
1 TL Senf
Salz
frisch gemahlener Pfeffer
1 TL Apfeldicksaft
1 EL Aceto Balsamico
1 EL Zitronensaft
5 EL Sonnenblumenöl

1. Die Wildkräuter verlesen, gründlich waschen und gut trockentupfen. Die Eier schälen und in Scheiben schneiden.
2. Die Wildkräuter mit den Eierscheiben auf einer Platte anordnen.
3. Aus den angegebenen Zutaten eine Vinaigrette herstellen und den Salat damit beträufeln.
4. Gut schmeckt der Salat auch, wenn man 1 Bund Radieschen, in Scheiben geschnitten, unter die Wildkräuter mischt.

Pro Person:
Kalorien (kcal) 175
Eiweiß (g) 5
Fett (g) 16
Kohlenhydrate (g) 2

EICHBLATTSALAT MIT PFIFFERLINGEN UND ZIEGENKÄSE

Immer mehr Genießer entdecken den köstlichen Geschmack des Ziegenkäses, der zu den ältesten Käsesorten der Welt zählt. Die meisten Sorten, ob cremig-weich oder hart, kommen immer noch aus Frankreich, obwohl man heute auch in Deutschland vielerorts Ziegenkäse herstellt. Am besten schmecken die handgefertigten Käse frisch vom »Ziegenbauernhof«!
Daß Käse nicht nur als letzter Gang ein Menü krönt, beweist dieser herrliche Vorspeisensalat.

Für 4 Personen
Zubereitungszeit: 30 Minuten

1 Eichblattsalat
1 Bund Rucola
250 g Pfifferlinge
1 Schalotte
30 g Butter
1/2 Bund Petersilie
100 g Sellerieknolle
1 EL Zitronensaft
Für die Vinaigrette:
1 TL Dijon-Senf
Salz
frisch gemahlener Pfeffer
2 EL Rotweinessig
1 EL Portwein
3 EL Olivenöl, kaltgepreßt
2 EL Walnußöl
Außerdem:
150 g blaue Trauben
2 EL Olivenöl
8 kleine Ziegenkäse (Rocamadour), je 25 g
8 Walnußhälften

1. Eichblattsalat in einzelne Blätter zerlegen und die welken Blätter aussortieren. Rucola verlesen und gemeinsam mit dem Eichblattsalat in reichlich kaltem Wasser kurz waschen. Gut trockenschleudern und in mundgerechte Stücke teilen.
2. Pfifferlinge putzen, nur falls nötig waschen! Größere Pilze halbieren oder vierteln.
3. Die Schalotte schälen und in Würfel schneiden. Die Butter in einer Pfanne erhitzen und erst die Schalottenwürfel, dann die Pilze darin einige Minuten andünsten. Von der Kochstelle nehmen und mit gehackter Petersilie bestreuen.
4. Die Sellerieknolle schälen und entweder auf der Rohkostreibe grob reiben oder in sehr feine Julienne schneiden. Mit dem Zitronensaft beträufeln.
5. Aus den angegebenen Zutaten eine Vinaigrette zubereiten.
6. Trauben waschen, halbieren und entkernen.
7. Olivenöl in einer beschichteten Pfanne erhitzen und die Ziegenkäse darin von beiden Seiten goldgelb braten.
8. In der Zwischenzeit Eichblattsalat, Rucola und Sellerie mit der Vinaigrette gründlich vermischen. Salat auf 4 Teller verteilen und mit Pfifferlingen, Trauben, je 2 Käse und 2 Walnußhälften belegen.

Pro Person:
Kalorien (kcal) 460
Eiweiß (g) 14
Fett (g) 38
Kohlenhydrate (g) 11

Eichblattsalat können Sie durch Lollo rosso oder Lollo Biondo ersetzen!

FRISÉESALAT MIT FENCHEL UND GORGONZOLA

Der cremig-zartwürzige Geschmack des Gorgonzolas harmonisiert vorzüglich mit dem an Anis erinnernden Geschmack der Fenchelknolle. Da der Salat ziemlich sättigend ist, reicht anschließend ein leichtes Hauptgericht.

Für 4 Personen
Zubereitungszeit: 20 Minuten

150 g Friséesalat
1 mittelgroße Fenchelknolle mit Grün
1 reife Birne (nicht zu weich)
1 EL Zitronensaft
30 g Pinienkerne
100 g Gorgonzola
Für die Salatsauce:
30 g Gorgonzola
1 EL Crème fraîche
1 bis 2 EL Weißweinessig
Saft von 1/2 Orange
2 EL Keimöl
frisch gemahlener Pfeffer
Salz

1. Den Friséesalat in einzelne Blätter zerlegen. Kurz, aber sorgfältig in reichlich kaltem Wasser waschen und in einer Salatschleuder trockenschleudern.
2. Von der Fenchelknolle die zarten, grünen Blätter abschneiden, fein hacken und beiseite legen. Die Fenchelknolle waschen, halbieren und quer in hauchdünne Streifen schneiden.
3. Die Birne schälen, halbieren und entkernen. Der Länge nach in dünne Spalten schneiden und mit dem Zitronensaft beträufeln.
4. Die Pinienkerne in einer Pfanne ohne Fettzugabe goldbraun rösten. Den Gorgonzola mit einem nassen Messer in kleine Würfel schneiden.
5. Für die Salatsauce 30 g Gorgonzola in einer großen Salatschüssel mit einer Gabel fein zerdrücken und unter Rühren Crème fraîche, Essig, Orangensaft und Öl hinzufügen. So lange rühren, bis eine cremige Sauce entstanden ist. Mit Pfeffer und (vorsichtig!) mit Salz abschmecken.
6. Friséesalat, Fenchel und Birnen gründlich mit der Sauce vermischen. Auf 4 Teller verteilen und mit Pinienkernen, Käsewürfeln und feingehacktem Fenchelgrün bestreuen.

Pro Person:
Kalorien (kcal) 280
Eiweiß (g) 10
Fett (g) 21
Kohlenhydrate (g) 10

• Italienischer Gorgonzola ist besonders fein und cremig im Geschmack! Wenn Sie einen anderen Blauschimmelkäse verwenden, sollten Sie auf den Käse für das Dressing verzichten.
• Statt des Friséesalates können Sie auch Feldsalat verwenden.

EISSALAT MIT GRAPEFRUIT UND SAHNESAUCE

Bis zu drei Wochen kann man Eissalat im Gemüsefach des Kühlschranks aufbewahren, ohne daß er allzuviel von seiner Frische einbüßt. Sahnig-cremige Saucen harmonieren besonders gut zu den etwas spröden Blättern der aus Amerika stammenden Salatart! Die Grapefruitfilets sind nicht nur gesundheitlich, sondern auch geschmacklich eine Bereicherung!

Für 4 Personen
Zubereitungszeit: 30 Minuten

1 Eissalat
2 rosa Grapefruits
50 g Sonnenblumenkerne
Für die Salatsauce:
2 EL Crème double
2 EL Sahne
1 TL feinwürziger Senf
Salz
gemahlener weißer Pfeffer
Cayennepfeffer
2 EL Zitronensaft
Außerdem:
100 g Krabben ohne Schale

1. Vom Eissalat die äußeren, welken Blätter entfernen. Den Kopf halbieren, kurz in kaltem Wasser schwenken und gut abtropfen lassen. Mit einem Messer in mundgerechte Stücke schneiden.
2. Die Grapefruits so schälen, daß die weiße Haut rundherum ebenfalls entfernt wird. Dann die Fruchtfilets zwischen den Trennhäuten herauslösen. Den dabei austretenden Saft auffangen.
3. Die Sonnenblumenkerne in einer Pfanne ohne Fettzugabe goldbraun rösten.
4. Für die Salatsauce Crème double, Sahne und Senf verrühren und mit Salz, Pfeffer, Cayennepfeffer, Zitronen- und dem aufgefangenen Grapefruitsaft würzig abschmecken.
5. In einer Salatschüssel den Eissalat mit Grapefruitfilets und Krabben vermischen und mit dem Sahnedressing marinieren.
6. Den Salat auf 4 Teller verteilen und mit den gerösteten Sonnenblumenkernen bestreuen.

Pro Person:
Kalorien (kcal) 185
Eiweiß (g) 10
Fett (g) 11
Kohlenhydrate (g) 9

• Ersetzen Sie im Sommer den Eissalat durch einen Kopfsalat!
• Köstlich schmeckt auch feingeschnittene, geräucherte Putenbrust unter den Salat gemischt, oder streuen Sie vor dem Servieren feingeschnittenen Schnittlauch über den Salat.
• Die Grapefruits können Sie auch gut durch Orangen ersetzen.
• Wer auf Kalorien achten muß, nimmt statt Crème double Vollmilchjoghurt!

BATAVIASALAT MIT KRÄUTERSAUCE

Bataviasalat, der rotgeränderte Verwandte des Eissalats aus Frankreich, bringt nicht nur etwas Farbe in den Salat, sondern hat auch einen herzhaften und würzigen Geschmack. Da auch Bataviasalat sehr feste Blätter hat, sind eine sahnige Salatsauce und die cremige Avocado eine optimale Ergänzung.

Für 4 Personen
Zubereitungszeit: 25 Minuten

1 Bataviasalat
2 Selleriestangen
200 g frische Champignons
1 EL Zitronensaft
1 kleine reife Avocado
Für die Salatsauce:
2 EL Crème fraîche
3 EL Sahne
1 EL frisch geriebener Meerrettich
Salz
frisch gemahlener Pfeffer
1 bis 2 EL Weißweinessig
Außerdem:
4 hartgekochte Wachteleier
1 Kästchen Kresse

1. Vom Batavia die äußeren welken Blätter entfernen. Die einzelnen Blätter ablösen, waschen und gut trockenschleudern.
2. Selleriestangen waschen und in schmale Streifen schneiden. Champignons putzen, nur wenn nötig waschen, und in hauchdünne Scheiben schneiden. Mit dem Zitronensaft beträufeln.
3. Die Avocado schälen, halbieren, den Kern entfernen und das Fruchtfleisch quer in Scheiben schneiden.
4. Für die Salatsauce Crème fraîche, Sahne und Meerrettich verrühren und mit Salz, Pfeffer und dem Essig würzig abschmecken.
5. Die Salatzutaten in einer großen Schüssel locker vermischen und mit der Salatsauce marinieren.
6. Auf 4 Teller verteilen und die halbierten Wachteleier und die Kresseblättchen darüber verteilen.

Pro Person:
Kalorien (kcal) 180
Eiweiß (g) 7
Fett (g) 15
Kohlenhydrate (g) 2

• Statt der Wachteleier 1 hartgekochtes Hühnerei in Würfel schneiden und über den Salat streuen.
• Auch geröstete, gehackte Haselnüsse passen sehr gut zu dieser Salatkomposition.
• Kopf-, Eis- oder Feldsalat sowie Lollo rosso eignen sich ebenfalls!

CHICORÉE MIT CURRYSAUCE

Schon die alten Griechen und Römer verzehrten wildwachsenden Chicorée. Dieser war allerdings wesentlich grüner und bitterer als unsere heutigen Sorten. Richtig entdeckt für die feine Küche wurden die weiß-gezüchteten Kolben kurz vor der Jahrhundertwende. In Deutschland begann der Siegeszug ganz allmählich in den 60er Jahren. Heute ist der kalorienarme Chicorée nicht nur für feine Wintersalate überaus geschätzt.

Für 4 Personen
Zubereitungszeit: 30 Minuten

3 mittelgroße Chicorée
150 g Zuckerschoten
Salz
Für die Salatsauce:
4 EL Mayonnaise
2 EL Vollmilchjoghurt
1 EL Curry
Saft von 1/2 Zitrone und
1/2 Orange
1 Spritzer Tabasco
Salz
frisch gemahlener Pfeffer
1 kleine reife Mango
1 Banane
Außerdem:
50 g Pistazien
1 EL gehacktes Koriandergrün
(Cilantro)

1. Die Chicoréeblätter ablösen, kurz waschen und gut abtropfen lassen. Von den Zuckerschoten die Enden abknipsen und in kochendem Salzwasser etwa 3 bis 4 Minuten blanchieren. Sofort in eisgekühltem Wasser abschrecken und gut abtropfen lassen.
2. Für die Salatsauce Mayonnaise, Joghurt und Curry gründlich verrühren und mit Zitronen-, Orangensaft, Tabasco, Salz und Pfeffer würzen.
3. Die Mango schälen. Das Fruchtfleisch vom Kern lösen und wie die geschälte Banane in sehr kleine Würfel schneiden. Unter die Salatsauce mischen und falls nötig nachwürzen.
4. Die Chicoréeblätter mit den Zuckerschoten sternförmig auf 4 Tellern anrichten. Die Fruchtsauce in die Mitte geben und mit den grobgehackten Pistazien und Cilantro bestreuen.

Pro Person:
Kalorien (kcal) 290
Eiweiß (g) 8
Fett (g) 20
Kohlenhydrate (g) 19

- Man kann die Chicoréekolben auch quer in etwa 1 bis 2 cm breite Streifen schneiden und mit ausgepalten Erbsen und der Fruchtsauce vermischen.
- Eine kleine, sättigende Mahlzeit wird daraus, wenn man den Salat mit Krabben oder gebratenem Hähnchenfleisch anreichert.

1

2

3

1. Chicorée mit Datteln
Von 3 Chicoréekolben die äußeren welken Blätter entfernen und die Kolben in etwa 1 cm breite Streifen schneiden. 12 frische Datteln schälen, halbieren und entkernen. 2 säuerliche Äpfel schälen, halbieren, entkernen und in Würfel schneiden. Die Salatzutaten mit einer Salatsauce aus 4 EL Mayonnaise, 2 EL Joghurt, 1 EL Curry, etwas Cayennepfeffer und 2 bis 3 EL Zitronensaft vermischen. Mit gehackten Erdnüssen oder Cashewnüssen bestreuen.

2. Chicorée mit Ingwer
Von 3 Chicoréekolben die äußeren welken Blätter entfernen und die Köpfe in etwa 1 cm breite Streifen schneiden. 2 EL Rosinen in 2 cl Amontillado-Sherry (medium) einweichen. 3 Scheiben frische Ananas in kleine Stücke schneiden, 100 g blaue Trauben halbieren und entkernen. Die Salatzutaten mit einer Salatsauce aus 2 EL Crème fraîche, 2 EL Mayonnaise, 1 EL frisch geriebenem Ingwer, 2 EL Kokosmilch, 1 TL Curry, etwas Chilipulver und 2 bis 3 EL Zitronensaft vermischen. Mit gerösteten Kokosrapseln bestreuen.

3. Chicorée mit Tomaten
Von 3 Chicoréekolben die äußeren welken Blätter entfernen und die Köpfe in 2 cm breite Streifen schneiden. 4 Fleischtomaten blanchieren, häuten, halbieren, entkernen und in schmale Streifen schneiden. 4 Frühlingszwiebeln putzen und mit zwei Drittel des Grüns in sehr feine Scheiben schneiden. Alle Zutaten in eine große Schüssel geben. 50 g schwarze, entkernte Oliven dazugeben und mit einer Vinaigrette aus 2 EL Weißweinessig, Salz, 1/2 fein zerdrückten Knoblauchzehe und 5 EL kaltgepreßtem Olivenöl vermischen. Mit fein geschnittenem Basilikum bestreuen.

Rohkost- und Sprossensalate

Längst haben auch Gourmets entdeckt, wie köstlich kleingeschnittenes rohes Gemüse, fein mariniert und mit knackigen Sprossen bestreut, schmeckt!

ROHKOSTTELLER MIT KRÄUTERDRESSING

Täglich frisches, rohes Gemüse in Form einer kleinen Vorspeise liefert nicht nur Vitamine und Mineralstoffe, es regt auch die Verdauung an. Ob geraspelt oder feingeschnitten, kombiniert mit Früchten, bestreut mit Nüssen, Samen oder Sprossen – der Phantasie sind keine Grenzen gesetzt. Einige Anregungen finden sie auf dieser und den folgenden Seiten.

Für 4 Personen
Zubereitungszeit: 30 Minuten

1 mittelgroße rote Bete
4 mittelgroße Möhren
2 kleine Zucchini
1 gelbe Paprikaschote
4 Frühlingszwiebeln
30 g Walnüsse
8 schwarze entkernte Oliven

Für die Salatsauce:
1 Knoblauchzehe
1 TL feinwürziger Senf
2 Eigelb
1 Prise Zucker
Salz
frisch gemahlener Pfeffer
2 bis 3 EL Zitronensaft
5 EL Keimöl
4 bis 6 EL Kalbs- oder Gemüsefond
1 Bund Frühlingskräuter

Außerdem:
1 Bund Brunnenkresse
1 Handvoll Mungobohnenkeimlinge

1. Alle Gemüsesorten waschen. Die rote Bete und die Möhren schälen. Die Möhren auf der groben Seite einer Rohkostreibe, die rote Bete auf der feinen Seite reiben.
2. Die Zucchini entweder grob reiben oder in feine Julienne schneiden. Die Paprikaschote vierteln, Stengelansatz und Samenkerne entfernen und jedes Viertel quer in feine Streifen schneiden.
3. Von den Frühlingszwiebeln die Wurzeln entfernen und die Zwiebeln mit einem Teil des Grüns in Scheiben schneiden.
4. Die Walnüsse grob hacken und unter die rote Bete, die geviertelten Oliven unter die Zucchini mischen.
5. Die einzelnen Gemüsesorten auf 4 Tellern anrichten.
6. Für die Salatsauce die Knoblauchzehe durch eine Presse drücken. Mit Senf, Eigelb, Zucker, Salz, Pfeffer und Zitronensaft verquirlen und nach und nach tröpfchenweise das Öl dazugeben.
7. Die Sauce nach Geschmack mit dem Fond verdünnen. Die Kräuter fein hacken, unter die Salatsauce mischen und die Rohkost damit beträufeln.
8. Die Brunnenkresse gut verlesen. Mit den Keimlingen kurz waschen und gut abtropfen lassen. Die Kresse in die Mitte setzen, die Keimlinge über die Paprikastreifen streuen.

Pro Person:
Kalorien (kcal) 270
Eiweiß (g) 6
Fett (g) 21
Kohlenhydrate (g) 12

Bestreuen Sie die Rohkost mit hartgekochten, in Würfel geschnittenen Eiern, mit gerösteten Samenkernen oder gekeimten Sprossen wie Alfalfa oder Bockshornklee.

Gemüse vorbereiten
Gemüse kurz in kaltem Wasser waschen und gut abtropfen lassen. Rote Bete und Möhren schälen. Paprika vierteln und Stengelansatz sowie Samenstränge entfernen. Von den Frühlingszwiebeln die Wurzeln abschneiden.

Gemüse zerkleinern
Möhren auf der groben Seite der Rohkostreibe reiben, die rote Bete auf der feinen Seite. Die Zucchini längs in dünne Scheiben, dann quer in feine Streifen schneiden. Paprika ebenfalls in feine Streifen schneiden. Zwiebeln mit etwas Grün in Scheiben schneiden.

Rohkost anrichten
Walnüsse grob hacken und unter die rote Bete mischen. Die Oliven vierteln und zu den Zucchini geben. Das Gemüse abwechselnd nach eigenem Geschmack auf 4 Tellern anordnen.

Dressing zubereiten
Knoblauchzehe durch eine Presse drücken. Mit Senf, Eigelb, Zucker, Salz, Pfeffer und Zitronensaft verquirlen und unter ständigem Rühren nach und nach das Öl tröpfchenweise dazugeben. Die Sauce mit dem Fond verdünnen.

Rohkost fertigstellen
Die Kräuter fein hacken und unter die Salatsauce mischen. Mit einem Eßlöffel die dünnflüssige Mayonnaise gleichmäßig über der Rohkost verteilen. Brunnenkresse verlesen, mit den Keimlingen kurz waschen und gut abtropfen lassen. Beides auf den Tellern verteilen.

WALDORFSALAT

Für 4 Personen
Zubereitungszeit: 25 Minuten

- 2 EL Crème fraîche
- 2 EL Vollmilchjoghurt
- 2 bis 3 EL Zitronensaft
- Salz
- frisch gemahlener Pfeffer
- 300 g Knollensellerie
- 300 g säuerliche Äpfel
- 3 EL geschlagene Sahne
- 80 g grobgehackte Walnüsse

1. Crème fraîche und Joghurt mit dem Zitronensaft, Salz und Pfeffer verrühren.

2. Sellerie und Äpfel schälen. Die Äpfel halbieren und entkernen. Beides erst in sehr dünne Scheiben, dann in schmale Streifen schneiden.

3. Sofort unter die Salatsauce mischen und die steif geschlagene Sahne darunterziehen. Noch einmal abschmecken und mit den Walnüssen bestreuen.

Pro Person:
Kalorien (kcal) 260
Eiweiß (g) 5
Fett (g) 19
Kohlenhydrate (g) 15

KOHLRABIROHKOST MIT NÜSSEN

Für 4 Personen
Zubereitungszeit: 20 Minuten

- 2 EL Crème fraîche
- 1 EL saure Sahne
- 1 EL Orangensaft
- Salz
- frisch gemahlener Pfeffer
- Cayennepfeffer
- 2 mittelgroße junge Kohlrabi
- 1 große Möhre
- 1 Orange
- 50 g geröstete Haselnüsse

1. Crème fraîche, saure Sahne und Orangensaft verrühren und mit Salz, Pfeffer und Cayennepfeffer würzen.

2. Den Kohlrabi und die Möhre schälen. Die Orange so dick schälen, daß die weiße Haut völlig entfernt wird, dann filetieren.

3. Gemüse auf der groben Seite einer Rohkostreibe in die Salatmarinade reiben. Die Orangenspalten dazugeben und alles gründlich vermischen.

4. Mit den grobgehackten Nüssen bestreuen.

Pro Person:
Kalorien (kcal) 155
Eiweiß (g) 5
Fett (g) 11
Kohlenhydrate (g) 9

BLUMENKOHLROHKOST MIT KÄSESAUCE

Für 4 Personen
Zubereitungszeit: 25 Minuten

30 g Roquefort
100 g Vollmilchjoghurt
2 EL Crème double
frisch gemahlener Pfeffer
1 bis 2 EL Zitronensaft
Salz
1 kleiner Blumenkohl
150 g blaue Trauben
2 EL geröstete Mandelblättchen

1. Den Roquefort mit der Gabel fein zerdrücken und unter ständigem Rühren den Joghurt und die Crème double hinzufügen. Mit Pfeffer, Zitronensaft und vorsichtig mit etwas Salz abschmecken.
2. Den Blumenkohl putzen, waschen und auf der groben Seite einer Rohkostreibe in die Salatsauce reiben.
3. Die Trauben waschen, halbieren und entkernen und unter die Rohkost mischen. Mit Mandelblättchen bestreut servieren.

Pro Person:
Kalorien (kcal) 180
Eiweiß (g) 8
Fett (g) 10
Kohlenhydrate (g) 13

MÖHRENROHKOST MIT SHERRYDRESSING

Für 4 Personen
Zubereitungszeit: 20 Minuten

3 EL Crème fraîche
4 EL Amontillado Sherry, trocken
etwas abgeriebene Schale von einer unbehandelten Orange
1 TL Sherryessig
1 bis 2 EL Zitronensaft
Salz
frisch gemahlener Pfeffer
400 g junge Möhren mit Grün
2 kleine aromatische Birnen
2 EL gehackte Pistazien

1. Crème fraîche, Sherry und Orangenschale verrühren. Mit Essig, Zitronensaft, Salz und Pfeffer würzig abschmecken.
2. Die Möhren und Birnen waschen und schälen. Die Möhren auf der groben Seite einer Rohkostreibe in die Salatsauce reiben.
3. Die Birnen halbieren, entkernen und in kleine Würfel schneiden.
4. Einige zarte Möhrenblätter grob hacken und mit den Birnenwürfeln unter die Rohkost mischen. Mit Pistazien bestreut servieren.

Pro Person:
Kalorien (kcal) 155
Eiweiß (g) 3
Fett (g) 8
Kohlenhydrate (g) 14

STAUDENSELLERIESALAT MIT WEIZENKEIMEN

Weizenkörner sind wahre Nährstoffbündel! Läßt man die Körner keimen, erhöht sich der Karotin- und Vitamin-E-Gehalt beachtlich und innerhalb eines Tages verdoppeln sich die Vitamine der B-Gruppe. Mit Weizenkeimlingen bestreut verdient jede Rohkost das Prädikat »besonders vollwertig«!

Für 4 Personen
Zubereitungszeit: 25 Minuten
Keimzeit: 2 bis 4 Tage

- 50 g Sprießkornweizen
- 1 Staude Stangensellerie
- 4 mittelgroße Möhren
- 2 Orangen
- 1 säuerlicher Apfel
- 30 g Mandelsplitter

Für die Salatsauce:

- 1 TL Orangenmarmelade
- 1/2 TL scharfer Senf
- Salz
- frisch gemahlener Pfeffer
- 2 bis 3 EL Zitronensaft
- 1 TL Aceto Balsamico
- 5 EL Traubenkernöl

1. Den Weizen mit Wasser bedeckt über Nacht im warmen Raum quellen lassen. Am nächsten Tag auf ein Sieb geben, abspülen und abtropfen lassen. In eine Keimschale legen und mit einem Mulltuch abgedeckt 1 bis 3 Tage keimen lassen, siehe Seite 14/15.
2. Den Stangensellerie putzen und waschen. Die einzelnen Stangen ablösen und in etwa 1/2 cm breite Streifen schneiden. Etwas Grün fein schneiden und beiseite legen.
3. Die Möhren putzen, schälen und mit einem Gurkenhobel in sehr feine Scheiben schneiden.
4. Die Orangen so dick schälen, daß die weiße Haut völlig entfernt wird, dann filetieren. Den dabei austretenden Saft auffangen.
5. Den Apfel schälen, halbieren, entkernen und jede Hälfte der Länge nach in dünne Spalten schneiden.
6. Alle Zutaten in einer großen Schüssel vermischen. Die gekeimten Weizenkörner kurz abbrausen und unter den Salat mischen.
7. Orangenmarmelade, Senf, Salz und Pfeffer verquirlen und unter Rühren Zitronen- und Orangensaft, Essig und Öl hinzugießen.
8. Dressing über den Salat verteilen und alles gründlich vermischen. Mit Mandeln und Selleriegrün bestreuen!

Pro Person:
Kalorien (kcal) 280
Eiweiß (g) 6
Fett (g) 17
Kohlenhydrate (g) 23

Anstatt der Weizenkörner Roggen-, Gerste- oder Haferkörner zum Keimen bringen und unter den Salat mischen!

FENCHELROHKOST MIT MANGO

Fenchel, wohl das typischste Wintergemüse aus Süditalien, gewinnt auch bei uns immer mehr Freunde. In seiner Heimat Palermo wird er als winzige, länglichen Knolle mit sehr viel Grün angeboten. Unabhängig von der Zubereitung sollte auch bei uns das frische Fenchelgrün, auch wenn es etwas spärlich gewachsen ist, mitverwendet werden.

Für 4 Personen
Zubereitungszeit: 30 Minuten

2 mittelgroße Fenchelknollen mit Grün
1 mittelgroße Mango
150 g Mungobohnenkeimlinge
Für die Salatsauce:
3 EL Crème fraîche
2 EL Vollmilchjoghurt
1 EL Mango-Chutney
1 EL grüne Pfefferkörner (frisch oder getrocknet)
1 TL Curry
etwas Cayennepfeffer
Salz
2 bis 3 EL Zitronensaft
2 EL Orangensaft
Außerdem:
1/8 l Sahne

1. Die Fenchelknollen waschen und längs halbieren. Den harten Strunk keilförmig herausschneiden. Das Blattgrün abschneiden und fein hacken. Knollenhälften quer in hauchdünne Scheiben schneiden.
2. Die Mango schälen und das Fruchtfleisch in Spalten vom Kern lösen. Einen Teil in Scheiben, den Rest in kleine Würfel schneiden.
3. Fenchel, Mangowürfel und die Hälfte der Keimlinge in einer Schüssel vermischen.
4. Crème fraîche, Joghurt und Mango-Chutney zu einer cremigen Sauce verrühren. Die Pfefferkörner grob hacken und mit Curry, Cayennepfeffer, Salz, Zitronen- und Orangensaft würzig abschmecken.
5. Die Sauce über den Salatzutaten verteilen und alles gründlich miteinander vermischen.
6. Die Sahne steif schlagen und locker unter den Salat heben.
7. Auf den Mangoscheiben anrichten und mit feingehacktem Fenchelgrün und den restlichen Keimlingen bestreuen.

Pro Person:
Kalorien (kcal) 235
Eiweiß (g) 6
Fett (g) 14
Kohlenhydrate (g) 18

Fenchel harmoniert ausgezeichnet mit Früchten! Versuchen Sie statt Mango auch einmal frische Datteln, Ananas oder Orangen.

SOJASPROSSENSALAT MIT SHIITAKE-PILZEN

Fast alle Keimlinge, die man unter dem Begriff »Sojasprossen« kaufen kann, sind aus der Mungobohne (auch grüne Sojabohne genannt) gezogen worden. Beide Sorten, die Sojabohnen wie die Mungokeimlinge, enthalten reichlich hochwertiges Eiweiß, Vitamin C, B_1 und B_{12} – und das alles bei nur etwa 30 Kalorien pro 100 g! Bei »echten« Sojabohnenkeimlingen bitte beachten: Vor der Verwendung müssen sie unbedingt kurz blanchiert werden!

Für 4 Personen
Zubereitungszeit: 30 Minuten

2 dünne Lauchstangen
200 g Shiitake-Pilze
2 EL Keimöl
Salz
frisch gemahlener Pfeffer
1 Bund Radieschen
300 g Sojasprossen
1 Bund Kräuter (z. B. Petersilie, Basilikum, Estragon, Schnittlauch

Für die Vinaigrette:
2 EL Sherryessig
1 TL Sojasauce
Salz
frisch gemahlener Pfeffer
5 EL Sojaöl

1. Von den Lauchstangen die Wurzeln und das grüne Ende entfernen. Nur den weißen Teil in feine Ringe schneiden. In ein Sieb geben und kurz, aber gründlich abspülen, damit alle Sandteilchen entfernt werden.
2. Shiitake-Pilze putzen und in Scheiben schneiden. Das Öl in einer Pfanne erhitzen. Die Pilze darin kurz anbraten, mit Salz und Pfeffer würzen und abkühlen lassen.
3. Die Radieschen putzen, waschen und vierteln.
4. Die Sojasprossen in ein Sieb geben und etwa 30 Sekunden in kochendes Wasser tauchen. Anschließend sofort in eisgekühltem Wasser abschrecken.
5. Einen Teil der Kräuter hacken und mit den übrigen Zutaten vermischen.
6. Aus den angegebenen Zutaten eine Vinaigrette zubereiten und über den Salat geben. Gut durchmischen, mit den restlichen Kräuterblättchen bestreuen und sofort servieren!

Pro Person:
Kalorien (kcal) 205
Eiweiß (g) 7
Fett (g) 19
Kohlenhydrate (g) 2

Keimlinge von den echten Sojabohnen enthalten in geringen Mengen Stoffe, die bei Menschen mit einem empfindlichen Magen Beschwerden hervorrufen können. Es ist daher ratsam, die Keimlinge von Sojabohnen, Erbsen und Kichererbsen kurz zu blanchieren.

CHAMPIGNONSALAT MIT RETTICHSPROSSEN

Zuchtpilze, allen voran Champignons und Egerlinge, können bedenkenlos roh verzehrt werden. Sie haben eine zarten nußartigen Geschmack. Die pikanten Rettichsprossen und der frisch geriebene Meerrettich sorgen für die nötige Schärfe! Da diese Pilze extrem kalorienarm sind, darf das entsprechende Dressing ruhig etwas üppiger ausfallen.

Für 4 Personen
Zubereitungszeit: 25 Minuten

400 g kleine Champignons
2 EL Zitronensaft
2 Schalotten
200 g Cocktailtomaten
2 Bund Schnittlauch
Für die Salatsauce:
2 hartgekochte Eier
2 EL Salat-Mayonnaise
3 EL saure Sahne
1 EL frisch geriebener Meerrettich
1 bis 2 EL Weißweinessig
Salz
1 TL gehackter roter Pfeffer
Außerdem:
2 EL Rettichsprossen

1. Die Champignons sorgfältig putzen und in dünne Scheiben schneiden. In eine Schüssel geben und mit Zitronensaft beträufeln.
2. Die Schalotten schälen und in kleine Würfel schneiden. Die Tomaten waschen und vierteln.
3. Schnittlauch fein schneiden und die Hälfte davon mit den übrigen Salatzutaten vermischen.
4. Für die Salatsauce die Eier halbieren und das Eigelb in eine kleine Schüssel reiben. Das Eiweiß in winzige Würfel schneiden und beiseite legen.
5. Mayonnaise, saure Sahne und Meerrettich mit dem Eigelb verrühren und mit Essig, Salz und Pfeffer würzen. Dressing mit den Salatzutaten gründlich vermischen und falls nötig noch etwas nachwürzen.
6. Den Salat auf 4 Tellern verteilen. Mit Eiweißwürfeln, Rettichsprossen und restlichem Schnittlauch bestreuen.

Pro Person:
Kalorien (kcal) 130
Eiweiß (g) 8
Fett (g) 9
Kohlenhydrate (g) 4

• Den angemachten Salat sofort verzehren! Läßt man die Pilze etwas länger stehen, verfärben sie sich und werden weich.
• Für die Rettichsprossen die Samen am besten in einem Keimgerät 2 bis 4 Tage bei etwa 18° C keimen lassen. Zwischendurch zweimal täglich spülen. 1 EL Samen ergibt 2 EL Sprossen (Keimlinge)!

CHINAKOHLSALAT MIT ANANAS

Erst seit wenigen Jahrzehnten kennt man das Kohlgemüse aus dem Norden Chinas bei uns. Im Reich der Mitte jedoch ist Chinakohl neben Rettich das meistverzehrte Gemüse. Allmählich schätzt man auch bei uns den feinen, dezenten Kohlgeschmack und die gute Bekömmlichkeit dieser Gemüsesorte.

Für 4 Personen
Zubereitungszeit: 30 Minuten

1 kleiner Chinakohl
1/2 frische Ananas
1 säuerlicher Apfel
150 g blaue Trauben
Für die Salatsauce:
3 EL Mayonnaise
2 EL Kokosmilch
1 TL Erdnußcreme
Salz
frisch gemahlener Pfeffer
etwas Chilipulver
3 bis 4 EL Zitronensaft
Außerdem:
3 EL Kokosraspeln
einige Minzezweige

1. Vom Chinakohl die äußeren, welken Blätter entfernen und den Kopf halbieren. Die Hälften kurz unter kaltem Wasser waschen, gut abtropfen lassen und in feine Streifen scheiden.

2. Die Ananashälfte schälen, den mittleren harten Strunk entfernen und das Fruchtfleisch in kleine Stücke teilen. Den Apfel schälen, halbieren, entkernen und in kleine Würfel schneiden. Die Trauben halbieren und falls nötig die Kerne herauslösen. Alle Zutaten in einer Schüssel vermischen.

3. Mayonnaise, Kokosmilch und Erdnußcreme verrühren und mit Salz, Pfeffer, Chilipulver und Zitronensaft würzen.

4. Die Salatsauce mit den vorbereiteten Zutaten gründlich vermischen.

5. Die Kokosraspeln in einer Pfanne ohne Fettzugabe goldgelb rösten. Die Minzeblätter in feine Streifen schneiden und beides über den Salat streuen.

Pro Person:
Kalorien (kcal) 260
Eiweiß (g) 3
Fett (g) 18
Kohlenhydrate (g) 22

• Der Salat schmeckt auch mit frischem, jungen Weißkohl oder mit dem besonders zarten Spitzkohl (Erntezeit: Mai und Juni).
• Man kann die frische Ananas durch Dosen-Ananas ersetzen – besser schmeckt der Salat allerdings mit der frischen Frucht!

ROTKOHLSALAT MIT ROSINEN UND PINIENKERNEN

Das blau-violette Wintergemüse, das inzwischen bereits ganzjährig angeboten wird, ist in der Zubereitung unglaublich vielseitig! Zusammen mit Pinienkernen und marinierten Rosinen wird daraus ein überaus delikater Vorspeisensalat. Wer Lust darauf hat, belegt den Salat mit Scheiben von gebratener Entenbrust!

Für 4 Personen
Zubereitungszeit: 35 Minuten

- 50 g Rosinen
- 2 cl Portwein
- 1/4 Rotkohl (300 g)
- 1 rote Zwiebel
- Salz, frisch gemahlener Pfeffer
- 1 EL Apfeldicksaft
- 1 bis 2 EL Aceto Balsamico
- 4 EL Rotwein
- 2 säuerliche Äpfel
- 100 g rote Johannisbeeren
- 2 EL Olivenöl
- 2 EL Walnußöl
- 50 g Pinienkerne

1. Die Rosinen mit dem Portwein begießen und zugedeckt etwa 15 Minuten quellen lassen.
2. Vom Rotkohl den Strunk herauslösen und den Kohl, am besten mit dem Gurkenhobel, in sehr feine Streifen schneiden.
3. Die Zwiebel schälen, halbieren, in sehr kleine Würfel schneiden und unter die Kohlstreifen mischen.
4. Salz und Pfeffer mit Apfeldicksaft, Essig und Rotwein verrühren und über den Salat gießen. Mit den Händen etwa 3 bis 4 Minuten kräftig durchkneten und kurz ziehen lassen.
5. Die Äpfel schälen und auf der groben Seite der Rohkostreibe in den Salat reiben.
6. Johannisbeeren und Rosinen mitsamt der Einweichflüssigkeit dazugeben. Die beiden Öle darübergeben und alles gründlich vermischen.
7. Die Pinienkerne in einer Pfanne ohne Fett goldbraun rösten und den Rohkostsalat damit bestreuen.

Pro Person:
Kalorien (kcal) 290
Eiweiß (g) 4
Fett (g) 18
Kohlenhydrate (g) 23

• Wenn Kinder mitessen, weichen Sie die Rosinen in Apfelsaft ein und verwenden statt Rotwein Johannisbeersaft!
• Statt der Johannisbeeren können Sie auch gekochte Preiselbeeren verwenden.

PIKANTE SAUERKRAUTROHKOST

In früheren Zeiten hat Sauerkraut maßgeblich dazu beigetragen, die vitaminarme Winterzeit zu überbrücken. Viele Seefahrer blieben durch die tägliche Sauerkrautration vor der gefährlichen Krankheit Skorbut verschont. Denn nur 100 g Sauerkraut enthalten bereits 20 mg Vitamin C. Für konserviertes Gemüse ist das erstaunlich viel! Heute zählen allerdings vor allem der geringe Kaloriengehalt und der hohe Ballaststoffanteil.

Für 4 Personen
Zubereitungszeit: 30 Minuten

300 g frisches Sauerkraut
1 rote Zwiebel
je 1/2 rote, gelbe und grüne Paprikaschote
1 Möhre
2 Selleriestangen
2 bis 3 EL kleine Kapern
Für die Salatsauce:
1 Knoblauchzehe
4 EL Mayonnaise
frisch gemahlener Pfeffer
2 bis 3 EL Weißwein
1 EL Obstessig
Außerdem:
1 Bund Schnittlauch

1. Das Sauerkraut auflockern und, falls nötig, ein wenig kleinschneiden.
2. Die Zwiebel schälen, halbieren und in kleine Würfel schneiden. Die Paprikaschoten waschen, entkernen und wie die geschälte Möhre in winzige Würfel schneiden.
3. Die Selleriestangen putzen, waschen und in feine Streifen schneiden. Das vorbereitete Gemüse und die Kapern unter das Sauerkraut mischen.
4. Für die Salatsauce die geschälte Knoblauchzehe durch eine Presse drücken und mit der Mayonnaise verrühren. Pfeffer, Wein und Essig dazugeben und kurz verqirlen.
5. Das Dressing über dem Salat verteilen und etwa 10 Minuten durchziehen lassen. Mit feingeschnittenem Schnittlauch bestreuen.

Pro Person:
Kalorien (kcal) 160
Eiweiß (g) 3
Fett (g) 13
Kohlenhydrate (g) 6

Das Sauerkraut vor der Zubereitung zu waschen, ist eine längst überholte Untugend. Nicht nur Geschmacksstoffe, sondern vor allem Vitamine gehen auf diese Weise im wahrsten Sinne des Wortes den Bach hinunter!

1

2

3

1. Sauerkrautrohkost mit Trauben
300 g frisches Sauerkraut kleinscheiden, auflockern und in eine Schüssel geben. Je 100 g blaue und grüne Trauben waschen, halbieren und entkernen. 2 kleine, rote Äpfel mit der Schale halbieren, entkernen und der Länge nach in dünne Spalten schneiden. Beides unter das Sauerkraut mischen. 1/8 l halbtrockenen Weißwein (am besten Gewürztraminer), 1 TL dünnflüssigen Honig und 2 EL Olivenöl verquirlen und über das Sauerkraut gießen. Vorsichtig, aber gründlich vermischen und mit 2 EL gehackten Walnüssen bestreuen.

2. Sauerkrautrohkost mit Ananas
300 g frisches Sauerkraut kleinschneiden, auflockern und in eine Schüssel geben. Eine Baby-Ananas schälen, den harten Strunk entfernen und das Fruchtfleisch in kleine Stifte schneiden. 2 kleine Möhren schälen und grob reiben. 1 kleine, grüne Paprikaschote waschen, vierteln, entkernen und jedes Viertel quer in schmale Streifen schneiden. 1 EL Erdnußcreme mit 2 EL Crème fraîche und 2 EL Vollmilchjoghurt verrühren. Mit Pfeffer und Cayennepfeffer würzen und mit den Salatzutaten vermischen. Den Salat mit 2 EL gerösteten Erdnüssen bestreuen.

3. Sauerkrautrohkost mit Essiggurke
300 g frisches Sauerkraut kleinschneiden, auflockern und in eine Schüssel geben. 2 Essiggurken erst der Länge nach in dünne Scheiben, dann quer in feine Streifen schneiden. 1 Zwiebel schälen und in kleine Würfel schneiden. 1 großen Apfel waschen und auf der Rohkostreibe in das Sauerkraut reiben. 3 EL Crème fraîche mit 1 EL frisch geriebenem Meerrettich, 1 EL Apfeldicksaft, 1 Msp gemahlener Kümmel, 1 EL Weißweinessig und Pfeffer verrühren. Die Sauce mit den Salatzutaten gründlich vermischen und mit reichlich feingehacktem Schnittlauch bestreuen.

GURKENSALAT MIT DILL

Für 4 Personen
Zubereitungszeit: 15 Minuten

1 große Salatgurke
2 Schalotten
Für die Salatsauce:
4 EL Sahne
Salz
frisch gemahlener Pfeffer
2 EL Weißweinessig
2 EL Keimöl
Außerdem:
1 Bund Dill

1. Die Salatgurke von der Blüte zum Stiel dünn schälen, das Stielende abschneiden. Mit dem Gurkenhobel in feine Scheiben schneiden.
2. Die Schalotten schälen und in kleine Würfel schneiden. Mit den Gurkenscheiben in eine Schüssel geben.
3. Die Sahne mit Salz und Pfeffer verquirlen und unter Rühren Essig und Öl dazugießen.
4. Die Sauce mit den Salatzutaten vermischen und kurz durchziehen lassen. Mit feingeschnittenem Dill bestreuen.

Pro Person:
Kalorien (kcal) 115
Eiweiß (g) 1
Fett (g) 10
Kohlenhydrate (g) 4

RETTICHSALAT

Für 4 Personen
Zubereitungszeit: 15 Minuten

1 weißer Rettich
1 roter Rettich
Für die Vinaigrette:
1 TL feinwürziger Senf
2 EL Weißweinessig
Salz
frisch gemahlener Pfeffer
3 EL Sonnenblumenöl
Außerdem:
1 Bund Schnittlauch

1. Die Rettichblätter entfernen. Rettiche gründlich waschen, nicht schälen oder schaben. Auf der Rohkostreibe in feine Scheiben hobeln oder grob reiben.
2. Für die Vinaigrette Senf, Essig, Salz und Pfeffer so lange verrühren, bis sich das Salz aufgelöst hat. Dann das Öl darunterrühren und mit dem Rettich sorgfältig vermischen. Kurz durchziehen lassen, falls nötig noch einmal würzen.
3. Den Schnittlauch fein schneiden und den Salat damit bestreuen.

Pro Person:
Kalorien (kcal) 85
Eiweiß (g) 2
Fett (g) 8
Kohlenhydrate (g) 2

TOMATENSALAT MIT AVOCADO

Für 4 Personen
Zubereitungszeit: 20 Minuten

8 mittelgroße Tomaten
2 kleine Zwiebeln
1 mittelgroße Avocado
Für die Vinaigrette:
1 EL Aceto Balsamico
1 EL Rotweinessig
Salz, frisch gemahlener Pfeffer
4 EL Olivenöl, kaltgepreßt
Außerdem:
1 Bund glatte Petersilie
einige schwarze Oliven

1. Die Tomaten waschen, Stielansätze entfernen und die Tomaten quer zur Blüte in Scheiben schneiden.
2. Zwiebeln und Avocado schälen. Die Zwiebeln in feine Ringe, die halbierte und entkernte Avocado in Scheiben schneiden. Zusammen in einer tiefen Schale anordnen.
3. Aus den angebenen Zutcten eine Vinaigrette zubereiten und den Salat damit beträufeln.
4. Mit feingeschnittener Petersilie und halbierten, entkernten Oliven bestreuen.

Pro Person:
Kalorien (kcal) 190
Eiweiß (g) 3
Fett (g) 16
Kohlenhydrate (g) 8

BAYERISCHER WEISSKRAUTSALAT

Für 4 Personen
Zubereitungszeit: 25 Minuten
Marinierzeit: 1 Stunde

1 kleiner Weißkohl (700 g)
1 Zwiebel
100 g durchwachsener Räucherspeck
1 TL Kümmel
4 bis 5 EL Weißweinessig
3 EL Keimöl
100 ml Fleischbrühe
Salz
frisch gemahlener Pfeffer

1. Die äußeren Kohlblätter entfernen. Den Kohl vierteln, Strunk herausschneiden und die Viertel auf dem Gemüsehobel in feine Streifen schneiden.
2. Die Zwiebel schälen und wie den Speck in Würfel schneiden. Den Speck bei mittlerer Hitze goldbraun braten, aus der Pfanne nehmen und die Zwiebel im Bratfett anbraten. Kümmel, Essig, Öl und Brühe dazugeben und kurz aufkochen lassen.
3. Die Mischung über das Weißkraut gießen, mit Salz und Pfeffer würzen und so lange kräftig durchkneten, bis der Salat »mürbe« wird. Mindestens 1 Stunde durchziehen lassen und die Speckwürfel daruntermischen.

Pro Person:
Kalorien (kcal) 280
Eiweiß (g) 5
Fett (g) 24
Kohlenhydrate (g) 7

GRIECHISCHER SALAT

In Griechenland kennt man die bei uns üblichen Blattsalate kaum. Bestellt man einen Salat, bekommt man in jeder Taverne »horitakí«, ein Salat aus vollreifen Tomaten, Gurken, Zwiebeln, Oliven und dem berühmten Feta-Käse. Angemacht ist er meist nur mit Öl, keinesfalls mit Essig!

Für 4 Personen
Zubereitungszeit: 20 Minuten

4 große vollreife Tomaten
1 kleine Salatgurke
2 Zwiebeln
1 grüne Paprikaschote
1 Handvoll schwarze oder grüne Oliven
200 g Feta-Käse (griechischer Schafskäse)
Für die Salatsauce:
Salz
frisch gemahlener Pfeffer
1/2 TL gerebelter Oregano
2 bis 3 EL Zitronensaft
6 EL Olivenöl, kaltgepreßt
Außerdem:
1 Bund glatte Petersilie und Oregano

1. Die Tomaten waschen, die Stielansätze entfernen und entweder quer zur Blüte in dicke Scheiben schneiden oder achteln.
2. Die Salatgurke schälen und in dickere Scheiben schneiden, ebenso die geschälten Zwiebeln. Paprikaschote waschen, halbieren, Stengelansatz und Samenstränge entfernen und in große Würfel schneiden.
3. Alles vermischen und auf 4 tiefe Teller verteilen. Mit Oliven und dem in Würfel geschnittenen Schafskäse belegen.
4. Salz, Pfeffer, Oregano und Zitronensaft so lange verrühren, bis sich das Salz gelöst hat. Dann unter weiterem Rühren das Öl dazugießen.
5. Die angerichteten Salatteller mit der Vinaigrette beträufeln und mit den Petersilien- und Oreganoblättchen bestreuen. Mit Weißbrot servieren.

Pro Person:
Kalorien (kcal) 345
Eiweiß (g) 12
Fett (g) 26
Kohlenhydrate (g) 21

• Bereiten Sie die Salatsauce auch einmal mit frisch gepreßtem Knoblauch zu. Das ist zwar nicht original griechisch, schmeckt aber gut!
• Griechischer Salat schmeckt nur mit wirklich sonnengereiften Tomaten!
• Noch dekorativer wird der Salat, wenn man einige Salatblätter daruntermischt.

SALADE NIÇOISE

Jeder Südfrankreich-Urlauber macht unweigerlich Bekanntschaft mit den unzähligen Variationen dieses bunten Salates. Ein einheitliches Rezept gibt es nicht – in jedem Bistro schmeckt er ein bißchen anders! Das hängt zum einen vom jeweiligen Tagesangebot an Gemüse, zum anderen vom Fingerspitzengefühl des Kochs ab!

Für 4 Personen
Zubereitungszeit: 30 Minuten

- 150 g grüne Bohnen
- Salz
- 2 Fleischtomaten
- 2 gekochte Kartoffeln
- 1 kleine Salatgurke
- 2 Schalotten
- 1 grüne Paprikaschote
- 4 hartgekochte Eier
- 1 Knoblauchzehe

Für die Vinaigrette:

- 1 TL Dijon-Senf
- Salz
- frisch gemahlener Pfeffer
- 2 EL Rotweinessig
- 6 EL Olivenöl, kaltgepreßt

Außerdem:

- 200 g Thunfisch, in Öl eingelegt
- 100 g schwarze Oliven
- 4 Sardellenfilets, in Öl eingelegt

1. Von den Bohnen die Enden abknipsen und falls nötig entfädeln. In kochendem Salzwasser 10 bis 15 Minuten, je nach Sorte, bißfest kochen. Dann kalt abschrecken.
2. Die Tomaten waschen, die Stielansätze entfernen und die Tomaten achteln. Kartoffeln, Gurke und die Schalotten schälen. Die Paprikaschote waschen, halbieren und den Stengelansatz sowie die Samenstränge entfernen. Alles in Würfel schneiden. Die Eier schälen und vierteln.
3. Eine große Salatschüssel mit der halbierten Knoblauchzehe ausreiben und die vorbereiteten Zutaten hineingeben.
4. Senf, Salz, Pfeffer und Essig so lange verrühren, bis sich das Salz gelöst hat. Unter weiterem Rühren das Öl dazugießen und den Salat mit der Vinaigrette vermischen.
5. Den Thunfisch abtropfen lassen, in mundgerechte Stücke zerpflücken und mit den Oliven und den halbierten Sardellen auf dem Salat verteilen.

Pro Person:
Kalorien (kcal) 520
Eiweiß (g) 24
Fett (g) 36
Kohlenhydrate (g) 19

Besonders dekorativ sieht der Salat aus, wenn man ihn auf Kopfsalatblättern anrichtet!

Gemüsesalate

Gemüse für Genießer! Serviert mit feinen Pilzen, Käse oder Sauce Hollandaise, wird junges Gemüse zum kulinarischen Ereignis.

GRÜNER GEMÜSESALAT MIT SAUCE HOLLANDAISE

Frisches Gemüse, bißfest gekocht und umhüllt von einer würzigen, aufgeschlagenen Sauce! Bei dieser Vorstellung läuft einem das Wasser im Mund zusammen. Und zahlreiche Varianten – ob als Vorspeise, Zwischenmahlzeit oder Partysalat – bieten ausreichend Abwechslung.

Für 4 Personen
Zubereitungszeit: 1 Stunde

250 g grüner Spargel
100 g Zuckerschoten
100 g Keniabohnen
2 kleine Zucchini
100 g Broccoli
Salz
10 g Butter
150 g dünne Scheiben Räucherlachs

Für die Sauce Hollandaise:

100 g Butter
1 Schalotte
6 EL trockener Weißwein
2 EL Estragonessig
2 Eigelb
Salz, frisch gemahlener Pfeffer
Cayennepfeffer
2 EL feingeschnittener Dill
etwas Zitronensaft

1. Das Gemüse waschen. Die Spargelstangen nur im unteren Teil schälen, dann in Stücke schneiden. Von den Zuckerschoten und Bohnen die Enden abknipsen. Die Zucchini in dicke Scheiben schneiden und den Broccoli in Röschen teilen.
2. Den Spargel in wenig Salzwasser und der Butter in etwa 15 Minuten gar dünsten. Die Bohnen in kochendem Salzwasser in etwa 10 Minuten, Broccoli, Zuckerschoten und Zucchini in 5 Minuten bißfest kochen.
3. Das gegarte Gemüse sofort in eisgekühltes Wasser geben und anschließend auf einem Sieb abtropfen lassen.
4. Für die Sauce die Butter in einer Kasserolle bei schwacher Hitze zerlassen. Von der Kochstelle nehmen und die sich dabei absetzende Molke abschöpfen.
5. Die Schalotte schälen und in kleine Würfel schneiden. Mit Wein und Essig in einen kleinen Topf geben und auf ein Drittel einkochen lassen.
6. Eigelb in eine Metallschüssel geben, mit Salz, Pfeffer und Cayennepfeffer würzen und im heißen Wasserbad cremig schlagen.
7. Eingekochten Sud langsam durch ein Haarsieb dazugießen. So lange schlagen, bis die Sauce dicklich wird.
8. Nun tröpfchenweise unter ständigem Rühren mit dem Schneebesen die flüssige Butter dazugießen. Den Dill unter die Sauce mischen.
9. Räucherlachs und Sauce mit dem Gemüse mischen! Falls nötig, mit Salz und Zitronensaft nachwürzen. Etwa 15 Minuten marinieren.

Pro Person:
Kalorien (kcal) 390
Eiweiß (g) 14
Fett (g) 32
Kohlenhydrate (g) 8

Die Molke der Butter sollte unbedingt abgeschöpft werden, damit die Hollandaise eine glatte Konsistenz bekommt!

Gemüse vorbereiten
Die verschiedenen Gemüsesorten waschen. Den Spargel schälen und in Stücke schneiden. Von den Zuckerschoten und Bohnen die Enden abknipsen, falls nötig entfädeln. Die Zucchini in dicke Scheiben schneiden und den Broccoli in Röschen teilen.

Gemüse garen
Den Spargel in wenig Salzwasser und Butter gar dünsten. Die übrigen Gemüsesorten nacheinander in kochendem Salzwasser bißfest garen. Herausnehmen und in eisgekühltem Wasser abschrecken, damit sie die Farbe behalten.

Sauce vorbereiten
Die Butter in einem kleinen Topf bei schwacher Hitze schmelzen lassen. Die sich dabei bildende Molke abschöpfen. Die Schalotte in kleine Würfel schneiden. Mit Wein und Essig in einen Topf geben, auf ein Drittel einkochen lassen.

Sauce fertigstellen
Einen Topf zweifingerbreit mit Wasser füllen und das Wasser zum Sieden bringen. Eigelb und Gewürze in einer Metallschüssel im Wasserbad cremig schlagen. Den Sud darunterschlagen, bis die Sauce dicklich wird. Tröpfchenweise die Butter dazugeben. Das Wasser darf nicht kochen!

Salat marinieren
Die Sauce pikant würzen und den Dill darunterrühren. Alles sorgfältig vermischen und bei Bedarf noch einmal mit Salz und Zitronensaft nachwürzen. Kurze Zeit marinieren lassen!

SPARGELSALAT MIT ORANGEN-HOLLANDAISE

Für 4 Personen
Zubereitungszeit: 40 Minuten

1 kg weißer Spargel
Salz, 1/2 TL Zucker
10 g Butter
Für die Orangen-Hollandaise:
100 g Butter
2 Eigelb
Salz
frisch gemahlener Pfeffer
Cayennepfeffer
100 ml Blutorangensaft
abgeriebene Schale von
1/2 unbehandelten Orange
2 bis 3 EL Zitronensaft
einige Kerbelzweige

1. Spargel schälen und in wenig kochendem Wasser mit Salz, Zucker und Butter in 15 bis 20 Minuten bißfest kochen. Abkühlen lassen und in Stücke schneiden.
2. Wie im Grundrezept (Seite 63) beschrieben, eine Hollandaise zubereiten. Statt des Weins Blutorangensaft verwenden und mit Orangenschale verfeinern. Mit dem Zitronensaft abschmecken.
3. Die Spargelstücke mit der Sauce vermischen und mit Kerbelblättchen bestreuen!

Pro Person:
Kalorien (kcal) 280
Eiweiß (g) 7
Fett (g) 24
Kohlenhydrate (g) 7

LAUCHSALAT MIT CURRY-HOLLANDAISE

Für 4 Personen
Zubereitungszeit: 35 Minuten

2 Lauchstangen
Salz
250 g Shiitake-Pilze
2 EL Keimöl
1 Bund Schnittlauch
Für die Curry-Hollandaise:
1 TL Curry
2 Eigelb
100 g Butter
2 Schalotten
3 EL Weißweinessig
100 ml trockener Weißwein
Salz
frisch gemahlener Pfeffer
etwas Cayennepfeffer
2 EL geschlagene Sahne

1. Lauchstangen putzen und schräg in 1 cm breite Scheiben schneiden. Waschen und in wenig Salzwasser in etwa 8 Minuten bißfest kochen. Die Pilze putzen, in Scheiben schneiden und kurz in heißem Öl anbraten. Abkühlen lassen.
2. Curry mit den Eigelb verrühren. Wie im Grundrezept (Seite 63) beschrieben, eine Hollandaise zubereiten.
3. Zum Schluß die Schlagsahne unter die Sauce ziehen und mit dem Lauch und den Pilzen vermischen. Mit feingeschnittenem Schnittlauch bestreuen.

Pro Person:
Kalorien (kcal) 340
Eiweiß (g) 6
Fett (g) 32
Kohlenhydrate (g) 5

MÖHRENSALAT MIT GORGONZOLA-HOLLANDAISE

Für 4 Personen
Zubereitungszeit: 35 Minuten

2 Bund junge Möhren mit Grün
Salz, 1/2 TL Zucker
10 g Butter
1 EL gehackte Petersilie
Für die Gorgonzola-Hollandaise:
100 g Butter, 1 Schalotte
100 ml trockener Weißwein
3 EL Weißweinessig
2 Eigelb
Salz, frisch gemahlener Pfeffer
80 g Gorgonzola
2 EL Sahne

1. Das Grün der Möhren entfernen und einige zarte Blätter fein hacken. Möhren waschen, schälen und schräg in dicke Scheiben schneiden. In wenig Wasser mit Salz, Zucker und Butter etwa 10 Minuten bißfest dünsten. Petersilie daruntermischen und abkühlen lassen.
2. Wie im Grundrezept (Seite 63) beschrieben, eine Hollandaise zubereiten. Käse zerdrücken, mit Sahne verrühren und bei schwacher Hitze schmelzen lassen. Langsam unter die Sauce rühren.
3. Die Möhren mit der Sauce gründlich vermischen und mit den Möhrenblättern bestreuen.

Pro Person:
Kalorien (kcal) 385
Eiweiß (g) 8
Fett (g) 33
Kohlenhydrate (g) 11

SCHWARZWURZELSALAT MIT KÜMMEL-HOLLANDAISE

Für 4 Personen
Zubereitungszeit: 50 Minuten

100 ml Weißweinessig
1 kg Schwarzwurzeln
Salz, 1/2 TL Zucker
10 g Butter
2 EL Zitronensaft
Für die Kümmel-Hollandaise:
100 ml trockener Weißwein
1 TL Kümmel
100 g Butter
1 Schalotte
3 EL Weißweinessig
2 Eigelb
2 EL gehackte Petersilie

1. Essig mit 1 l Wasser vermischen. Die Schwarzwurzeln unter fließendem kalten Wasser schälen und sofort in das Essigwasser geben. In Stücke schneiden und in wenig Wasser mit Salz, Zucker, Butter und Zitronensaft in 30 Minuten bißfest kochen. Dann abkühlen lassen.
2. Den Wein mit dem Kümmel einkochen lassen. Wie im Grundrezept (Seite 63) beschrieben, eine Hollandaise zubereiten. Die Petersilie daruntermischen.
3. Die Schwarzwurzeln mit der Sauce vermischen und durchziehen lassen.

Pro Person:
Kalorien (kcal) 270
Eiweiß (g) 5
Fett (g) 25
Kohlenhydrate (g) 3

ASIATISCHER ZUCKERSCHOTEN-SALAT MIT ROSINEN

Die Zuckerschoten, auch Kaiserschoten genannt, bilden an der Innenwand der Hülse keine Pergamentschicht und können daher samt süßer Hülse und unreifer Samen verzehrt werden. Der einzigartige Geschmack kommt aber nur bei sehr kurzer Garzeit zur Geltung. Ein Hauch von Exotik harmoniert hervorragend mit dem exquisiten Gemüse!

Für 4 Personen
Zubereitungszeit: 45 Minuten

50 g Rosinen
4 cl Amontillado-Sherry, medium
400 g möglichst kleine Zuckerschoten
3 große Möhren
Salz

Für die Vinaigrette:

Saft von 1 Orange
1 EL Aceto Balsamico
1 EL Sojasauce
Salz
frisch gemahlener Pfeffer
1/2 TL frisch geriebene Ingwerwurzel
1/2 TL Curry
4 EL Sojaöl
1 TL Sesamöl

Außerdem:

2 EL geröstete Pinienkerne
etwas abgeriebene Schale von 1 unbehandelten Orange
einige frische Kerbelzweige

1. Rosinen mit Sherry übergießen und quellen lassen.
2. Von den Zuckerschoten die Enden abknipsen. Die Möhren waschen und schälen. Mit dem Ziselierhaken des Orangenschälers der Länge nach 4 Streifen abziehen, dann die Möhren mit einem Messer oder dem Gurkenhobel in hauchdünne Scheiben schneiden.
3. Reichlich Salzwasser zum Kochen bringen. Zuerst die Zuckerschoten, dann die Möhrenscheiben darin in 2 bis 4 Minuten bißfest kochen.
4. In einem Durchschlag kurz abtropfen lassen und sofort in eisgekühltem Wasser abschrecken, damit das Gemüse die Farbe behält. Gut abgetropft in eine Schüssel geben.
5. Für die Vinaigrette Orangensaft, Essig, Sojasauce, Salz und die Gewürze so lange verrühren, bis sich das Salz aufgelöst hat. Unter weiterem Rühren das Öl dazugießen.
6. Rosinen mitsamt der Einweichflüssigkeit zum Gemüse geben, mit der Vinaigrette übergießen und vorsichtig vermischen. Kurz durchziehen lassen.
7. Mit Pinienkernen, Orangenschale und abgezupften Kerbelblättchen bestreuen.

Pro Person:
Kalorien (kcal) 320
Eiweiß (g) 8
Fett (g) 17
Kohlenhydrate (g) 29

Belegt man den Salat mit Scheiben von geräucherter Hähnchenbrust, wird daraus eine reichhaltige Vorspeise oder eine kleine Mahlzeit für 2 Personen.

SOMMERLICHER BOHNENSALAT

Dank Tiefkühlware kann man Bohnensalat aus den grasgrünen Stangenbohnen das ganze Jahr hindurch zubereiten. Schwieriger wird es allerdings bei den zartgelben Wachsbohnen, die sich besonders gut für Salat eignen. Deshalb sollten Sie im Sommer so oft wie möglich frischen Bohnensalat servieren – solo oder angereichert mit anderem Gemüse oder Käse und Schinken!

Für 4 Personen
Zubereitungszeit: 40 Minuten
Marinierzeit: 1 Stunde

250 g Stangenbohnen
250 g Wachsbohnen
Salz
1 Bund Frühlingszwiebeln
200 g Cocktailtomaten
2 Handvoll Adzukibohnen- oder Mungobohnenkeimlinge

Für die Vinaigrette:
1 TL feinwürziger Senf
3 bis 4 EL Rotweinessig
Salz
frisch gemahlener Pfeffer
2 EL Olivenöl, kaltgepreßt
2 EL Haselnußöl

Außerdem:
50 g geröstete, grobgehackte Haselnüsse
1 EL feingehackte Petersilie

1. Von den Bohnen die Enden abknipsen. Bohnen waschen und in wenig kochendem Salzwasser in etwa 15 Minuten bißfest kochen.
2. In der Zwischenzeit von den Frühlingszwiebeln die Wurzeln und das grüne Ende entfernen. Die Zwiebeln in feine Scheiben schneiden.
3. Tomaten waschen, Stengelansätze entfernen und vierteln. Die Keimlinge kurz abbrausen und mit Tomaten und Zwiebeln in einer Schüssel vermischen.
4. Senf, Essig, Salz und Pfeffer so lange verrühren, bis sich das Salz gelöst hat. Dann unter weiterem Rühren das Öl dazugießen.
5. Die Bohnen auf einem Durchschlag abtropfen lassen, Kochflüssigkeit aufbewahren. Die Vinaigrette mit den Bohnen vermischen, etwas Kochwasser dazugeben und durchziehen lassen.
6. Das vorbereitete Gemüse unter den Bohnensalat mischen und, falls nötig, noch einmal nachwürzen. Mit den Haselnüssen und der Petersilie bestreuen.

Pro Person:
Kalorien (kcal) 240
Eiweiß (g) 6
Fett (g) 18
Kohlenhydrate (g) 12

Der Salat schmeckt auch gut, wenn man ihn mit knusprig gerösteten Speckwürfeln oder in Würfel geschnittenem Feta-Käse bestreut.

ROMANESCOSALAT MIT KÄSE

Wie bizarre Türmchen sehen die Blüten des Romanesco aus. Da er ähnlich wie Blumenkohl oder Broccoli schmeckt, können auch diese Kohlsorten für den folgenden Salat verwendet werden. Ein Kopf mit festgeschlossener »Blume« ist immer ein Zeichen für Frische.

Für 4 Personen
Zubereitungszeit: 35 Minuten

1 kg Romanesco oder Broccoli
Salz
2 rote Paprikaschoten
1 kleine Pfefferschote
1 Zwiebel
2 hartgekochte Eier
200 g Emmentaler oder Gruyère
Für die Salatsauce:
1 gekochte Kartoffel (ca. 100 g)
1 Knoblauchzehe
Salz
frisch gemahlener Pfeffer
1 TL frisch geriebener Meerrettich
2 bis 3 EL Weißweinessig
2 EL Joghurt
4 EL Sahne
3 EL Olivenöl, kaltgepreßt

1. Romanesco oder Broccoli putzen und in kleine Röschen teilen. Den Strunk schälen und in 1 cm dicke Scheiben schneiden.
2. Salzwasser zum Kochen bringen und zuerst den Strunk 3 Minuten garen, dann die Röschen hinzufügen und in weiteren 5 Minuten fertiggaren. Das Gemüse mit einem Schaumlöffel herausheben und in eisgekühltem Wasser abschrecken.
3. Paprikaschoten waschen, halbieren, die Stengelansätze sowie die Samenstränge entfernen. Die Paprikahälften, die geputzte Pfefferschote und die geschälte Zwiebel in sehr kleine Würfel schneiden. Mit Romanesco oder Broccoli auf einer tiefen Platte vermischen.
4. Eier schälen und vierteln, den Käse in Streifen schneiden und den Salat damit belegen.
5. Für die Salatsauce die Kartoffel schälen und fein reiben. Die geschälte Knoblauchzehe fein zerdrücken, unter die Kartoffel mischen und mit Salz, Pfeffer, Meerrettich und Essig verrühren. Nach und nach Joghurt, Sahne und Öl unter Rühren hinzugeben.
6. Die Sauce über den Salat geben, alles vermischen und mindestens 15 Minuten durchziehen lassen.

Pro Person:
Kalorien (kcal) 415
Eiweiß (g) 25
Fett (g) 28
Kohlenhydrate (g) 13

Variationen zu diesem Salat gibt es genug: Statt dem Käse in Würfel geschnittenen Schinken, Räucherzunge oder geräucherte Putenbrust hinzufügen. Oder mit Krabben oder Riesengarnelen servieren!

BLUMENKOHLSALAT AUF INDISCHE ART

Curry paßt zu vielen Gemüsesorten, aber eine der harmonischsten Verbindungen ist sicherlich die mit Blumenkohl. Lassen Sie den Salat unbedingt gut durchziehen, damit die Würze richtig in die Röschen eindringen kann. Ob als Vorspeise, als kleine vegetarische Mahlzeit für zwei Personen oder als Salat zu einem kalten Büfett – dieser Salat bietet immer eine gelungene Überraschung aus der fernöstlichen Küche!

Für 4 Personen
Zubereitungszeit: 35 Minuten

1 mittelgroßer Blumenkohl
200 g Keniabohnen
1 Möhre
Salz

Für die Salatsauce:
1 Schalotte
1 Knoblauchzehe
1 Chilischote
1 TL Erdnußcreme
3 EL Kokosmilch
100 g Crème fraîche
1 gestrichener EL Curry
Salz
frisch gemahlener Pfeffer
1 EL Sherryessig
Saft von 1 Zitrone
1 TL Sesamöl
2 EL Keimöl

Außerdem:
2 EL Sesamsamen
2 Minzezweige

1. Den Blumenkohl putzen und in kleine Röschen teilen. Von den Bohnen die beiden Enden abknipsen. Die Möhre waschen, schälen und erst der Länge nach in Scheiben, dann in feine Streifen schneiden.
2. Salzwasser zum Kochen bringen und erst die Bohnen 3 bis 4 Minuten darin bißfest kochen, sofort in Eiswasser geben, dann den Blumenkohl in etwa 8 Minuten gar kochen. Zum Schluß die Möhrenstreifen kurz darin blanchieren. Das abgetropfte Gemüse in einer Schüssel vermischen.
3. Schalotte und Knoblauchzehe schälen. Zusammen mit der Chilischote in winzig kleine Würfel schneiden. Mit Erdnußcreme, Kokosmilch und Crème fraîche verrühren und unter weiterem Rühren Curry, Salz, Pfeffer, Essig, Zitronensaft und das Öl dazugeben.
4. Das vorbereitete Gemüse mit der Salatsauce vermischen und durchziehen lassen.
5. Kurz vor dem Servieren die Sesamsamen in einer Pfanne ohne Fett goldbraun rösten. Die Minzeblätter in feine Streifen schneiden. Den Salat mit Minze und Sesam bestreuen.

Pro Person:
Kalorien (kcal) 240
Eiweiß (g) 8
Fett (g) 19
Kohlenhydrate (g) 9

Achten Sie beim Kauf von Curry auf eine gute Qualität. Es gibt große Unterschiede im Geschmack und vor allem auch in der Schärfe.
Ideal für diesen Salat: ein mildes Currypulver!

MÖHREN-PETERSILIEN-WURZEL-SALAT

Vergessen Sie die Möhrensalate, die man oftmals aus der Dose serviert bekommt. Diese Variante, frisch zubereitet, mit dem intensiven Geschmack der Möhre, ist ein Hochgenuß und als Beilage zu gebratener Ente mit Kartoffelknödel nur zu empfehlen.

Für 4 Personen
Zubereitungszeit: 35 Minuten
Marinierzeit: 2 Stunden

500 g Möhren
300 g Petersilienwurzeln
1 Zwiebel
60 g Feldsalat
Für die Vinaigrette:
1 TL feinwürziger Senf
1 TL dünnflüssiger Honig
1 EL Aceto Balsamico
1 bis 2 EL Weißweinessig
Salz
frisch gemahlener Pfeffer
1/8 l Fleischbrühe
4 EL Keimöl
Außerdem:
80 g durchwachsener Räucherspeck
1 Bund Schnittlauch

1. Die Möhren und Petersilienwurzeln putzen und waschen. In wenig Wasser in etwa 10 bis 15 Minuten bißfest kochen.
2. Währenddessen die Zwiebel schälen und in kleine Würfel schneiden. Den Feldsalat sorgfältig putzen und kurz, aber gründlich in reichlich kaltem Wasser waschen. Dann gut abtropfen lassen.
3. Senf, Honig, Essig, Salz und Pfeffer so lange verrühren bis sich das Salz gelöst hat, dann unter weiterem Rühren Brühe und Öl dazugießen.
4. Das gegarte Gemüse kalt abschrecken und sofort die Haut abschaben. Mit einem Messer schräg in dünne Scheiben schneiden. Die Vinaigrette darübergeben und den Salat durchziehen lassen.
5. Vor dem Servieren den Räucherspeck in kleine Würfel schneiden und bei mittlerer Hitze goldbraun und knusprig braten.
6. Eine große Platte mit dem Feldsalat auslegen, den Möhren-Petersilienwurzel-Salat darüber verteilen und mit den Speckwürfeln und dem feingeschnittenen Schnittlauch bestreuen.

Pro Person:
Kalorien (kcal) 290
Eiweiß (g) 6
Fett (g) 24
Kohlenhydrate (g) 11

• Möhren und Petersilienwurzeln können bereits am Vortag zubereitet werden. Je länger der Salat durchzieht, umso besser schmeckt er.
• Nicht zu kalt servieren, sonst verliert der Salat an Aroma.

1

2

3

1. Selleriesalat
2 mittelgroße Sellerieknollen waschen und in Salzwasser in etwa 1 Stunde gar kochen. Kalt abschrecken, schälen, halbieren und mit einem Messer zuerst in Scheiben, dann in Rauten schneiden. 3 EL Weinessig mit 100 ml Sellerie-Kochbrühe, Salz, frisch gemahlenem Pfeffer und 4 EL Keimöl verquirlen und den Sellerie damit begießen.
1 Zwiebel schälen, in kleine Würfel schneiden und unter den Salat mischen. Mindestens 2 Stunden, am besten über Nacht, marinieren. Mit feingeschnittenem Schnittlauch bestreuen. Ein wenig frisch geriebene Ingwerwurzel in der Marinade schmeckt vorzüglich!

2. Rote-Bete-Salat
4 mittelgroße rote Beten gründlich waschen. In einen Topf geben, mit Wasser bedecken und 50 g Salz und 1 TL Kümmel hinzufügen. In knapp 1 Stunde gar kochen oder auf ein Sieb geben und gar dämpfen. Die Knollen unter kaltem Wasser abschrecken und schälen. Die roten Beten mit einem Buntmesser in dünne Scheiben schneiden. 4 EL Rotweinessig mit 1 TL Zucker und Salz verquirlen. 4 EL Keimöl und 1 TL frisch geriebenen Meerrettich hinzufügen. Die roten Beten mit der Marinade übergießen und mindestens 2 Stunden, am besten über Nacht, marinieren.

3. Bohnensalat
Von 500 g Stangenbohnen die Enden abknipsen. Bohnen schräg in dünne Scheiben schneiden oder in mundgerechte Stücke brechen. In wenig kochendem Salzwasser in etwa 15 Minuten bißfest garen. 4 bis 5 EL Weißweinessig mit Salz, 1 Prise Zucker und 4 EL Keimöl verquirlen. Die Bohnen auf einem Durchschlag abtropfen lassen, dabei 5 bis 6 EL Kochwasser aufbewahren. Die Marinade mit dem Kochwasser über die Bohnen gießen. 1 Zwiebel schälen, in kleine Würfel schneiden und unter den Salat mischen. Mindestens 2 Stunden marinieren. Mit frisch gemahlenem Pfeffer und 1 EL gehackter Petersilie bestreuen.

KARTOFFELSALAT

Bei der Zubereitung von Kartoffelsalat gibt es schier unendlich viele Möglichkeiten. Grundlage sind jedoch immer festkochende Kartoffeln, auch Salatkartoffeln genannt, die noch warm entweder mit Mayonnaise oder mit Brühe angemacht werden. Da man im süddeutschen Raum Brühe bevorzugt und in Westdeutschland der Kartoffelsalat ohne Mayonnaise unvorstellbar ist – hier das Grundrezept für beide Varianten. Wie daraus die unterschiedlichsten Partysalate entstehen, sehen Sie auf den nächsten Seiten.

Für 4 Personen
Zubereitungszeit: 50 Minuten

800 g festkochende Kartoffeln
1 große Zwiebel
1. Variante mit Brühe:
200 ml heiße Fleischbrühe
Salz, frisch gemahlener Pfeffer
4 bis 5 EL Weißweinessig
5 EL Keimöl
1 Bund Schnittlauch
2. Variante mit Mayonnaise:
6 EL heiße Fleischbrühe
Salz, frisch gemahlener Pfeffer
4 bis 5 EL Weißweinessig
4 EL Mayonnaise
100 g Vollmilchjoghurt
1 Kästchen Kresse

1. In einem Topf mit Siebeinsatz Wasser zum Kochen bringen. Die Kartoffeln waschen und in den Siebeinsatz legen. Zugedeckt, je nach Größe der Kartoffeln, etwa 35 bis 45 Minuten dämpfen. (Im Dampfdrucktopf verkürzt sich die Garzeit um die Hälfte.)
2. Die Kartoffeln ein wenig abdampfen lassen, aber noch heiß schälen. Anschließend in dünne Scheiben schneiden. Die Zwiebel schälen, in kleine Würfel schneiden und zu den Kartoffeln geben.
3. ***Für die 1. Variante:*** Die heiße Fleischbrühe mit Salz, Pfeffer, Essig und Öl verquirlen und die Kartoffeln damit übergießen. Vorsichtig mit Hilfe eines Salatbesteckes mischen und mindestens 15 Minuten durchziehen lassen. Falls nötig nachwürzen, mit Schnittlauch bestreuen und noch lauwarm servieren.
4. ***Für die 2. Variante:*** Die Brühe mit Salz, Pfeffer und Essig verquirlen und die Kartoffelscheiben damit begießen. Etwa 15 Minuten ziehen lassen, die Marinade muß völlig von den Kartoffeln aufgesogen sein. Mayonnaise und Joghurt gründlich verrühren und mit dem Salat vermengen. Dann mindestens 30 Minuten durchziehen lassen. Noch einmal gut abschmecken, mit Kresse bestreuen und servieren.

Pro Person (beide Varianten):
Kalorien (kcal) ca. 285
Eiweiß (g) ca. 5
Fett (g) ca. 13
Kohlenhydrate (g) ca. 33

• In Frankreich begießt man die aufgeschnittenen Kartoffeln anstatt mit Brühe mit säurebetontem Weißwein!
• Die zweite Variante des Salates schmeckt mit selbstgemachter Mayonnaise noch besser.

Kartoffeln dämpfen
Einen Topf mit passendem Siebeinsatz zur Hälfte mit Wasser füllen und dieses zum Kochen bringen. Gewaschene Kartoffeln in den Einsatz legen, in den Topf stellen und zugedeckt etwa 35 bis 45 Minuten dämpfen.

Kartoffeln schälen
Die gegarten Kartoffeln ein wenig abdampfen lassen. Noch heiß mit einer Gabel aufspießen. Die Schale mit einem kleinen Messer abziehen. Die Kartoffeln anschließend in Scheiben schneiden. Die Zwiebel in Würfel schneiden.

1. Variante:
Die heiße Fleischbrühe mit Salz, Pfeffer, Essig und Öl mit einem kleinen Schneebesen gründlich verquirlen. Die Marinade über die Kartoffel-Zwiebel-Mischung gießen und mit einem Salatbesteck locker vermischen. Etwa 15 Minuten durchziehen lassen.

2. Variante:
Die Kartoffeln ebenfalls zuerst mit einer heißen Marinade begießen und durchziehen lassen. Die Mayonnaise und den Joghurt gründlich verrühren und gleichmäßig unter den Kartoffelsalat mischen. Erneut durchziehen lassen.

Salate fertigstellen
Kartoffelsalat mit Brühe am besten immer lauwarm und mit Schnittlauch bestreut servieren. Kartoffelsalat mit Mayonnaise immer gut durchziehen lassen und kühl, aber keinesfalls zu kalt, mit Kresse bestreut, auf den Tisch bringen.

KARTOFFELSALAT-VARIATIONEN

Kein anderes Gemüse ist so vielseitig und anpassungsfähig wie die Kartoffel. Sie harmoniert mit fast allen Gemüsesorten, mit Wurst, Käse oder Fisch, mit Kräutern und Gewürzen. Zur Inspiration hier eine kleine Auswahl der unterschiedlichsten Kombinationen.

Für 4 Personen
Zubereitungszeit:
45 bis 55 Minuten

1. Speckkartoffelsalat
Aus 800 g festkochenden Kartoffeln einen »Kartoffelsalat mit Brühe«, siehe Grundrezept Seite 73, zubereiten und kurz durchziehen lassen. 100 g durchwachsenen Räucherspeck in kleine Würfel schneiden und in einer Pfanne glasig braten. 2 EL Zwiebelwürfel hinzufügen und so lange bei mittlerer Hitze mitdünsten, bis Speck und Zwiebel goldbraun sind. Die Mischung sofort unter den Kartoffelsalat heben. Noch einmal kurz durchziehen lassen, dann mit Schnittlauch bestreuen. Kurz vor dem Servieren 2 Handvoll in Streifen geschnittenen Endiviensalat oder Brunnenkresse daruntermischen.

2. Kartoffel-Gurken-Salat
800 g festkochende Kartoffeln in einem Kartoffeldämpfer garen. 1 mittelgroße Salatgurke schälen und auf dem Gurkenhobel in feine Scheiben schneiden. Salzen, mit 2 EL Essig vermischen und etwa 15 Minuten marinieren. Die Kartoffeln abdampfen lassen, pellen und in Scheiben schneiden. 1 Zwiebel schälen und in kleine Würfel schneiden. Beides zum Gurkensalat geben. Mit 4 EL Keimöl begießen, gründlich vermischen und kurz durchziehen lassen. Vor dem Servieren noch einmal abschmecken und mit Schnittlauch bestreut servieren.

3. Kartoffelsalat mit Pfifferlingen
Aus 800 g festkochenden Kartoffeln einen »Kartoffelsalat mit Brühe«, siehe Grundrezept Seite 73, zubereiten. Dabei allerdings 1 EL Weißweinessig durch Aceto Balsamico und 2 EL Keimöl durch Haselnußöl ersetzen. 200 g Pfifferlinge putzen, größere Pilze halbieren oder vierteln und mit 1 EL Zwiebelwürfel in 2 EL Keimöl etwa 5 Minuten anbraten. Mit einigen abgezupften Thymianblättchen unter den Kartoffelsalat mischen. Mit Brunnenkresse bestreuen und sofort servieren.

4. Kartoffelsalat mit Räucherlachs
Aus 600 g festkochenden Kartoffeln einen »Kartoffelsalat mit Mayonnaise«, siehe Grundrezept Seite 73, vorbereiten und kurz durchziehen lassen. 1 Bund Frühlingszwiebeln putzen und in feine Scheiben schneiden. 1 kleine Avocado schälen, halbieren und in Würfel schneiden. Mit 150 g in Streifen geschnittenen Räucherlachs unter den marinierten Kartoffelsalat mischen. Anstelle der Mayonnaise Crème fraîche mit Joghurt verrühren und 1 EL frisch geriebenen Meerrettich daruntermischen. Mit hartgekochten, geviertelten Eiern und Dill garnieren.

1

2

3

4

5

6

7

8

5. Schwedischer Kartoffelsalat
Aus 600 g festkochenden Kartoffeln einen »Kartoffelsalat mit Mayonnaise«, siehe Grundrezept Seite 73, vorbereiten und kurz durchziehen lassen. 2 gekochte rote Beten, 2 geschälte Äpfel, 1 geschälte rote Zwiebel und 100 g eingelegte Senfgurken in kleine Würfel schneiden. 2 Matjesfilets und 100 g kalten Kalbsbraten in feine Streifen schneiden.
Alles unter den Kartoffelsalat mischen und zum Schluß die mit Joghurt verrührte Mayonnaise darunterziehen. Falls der Salat zu trocken ist, noch etwas Einlegflüssigkeit der Senfgurken und ein wenig Sahne hinzufügen. Mit gehacktem Dill bestreuen.

6. Kartoffelsalat mit Curry
Aus 600 g festkochenden Kartoffeln einen »Kartoffelsalat mit Mayonnaise«, siehe Grundrezept Seite 73, vorbereiten und kurz durchziehen lassen. 1 rote Paprikaschote putzen, 1/2 Salatgurke schälen und beides in kleine Würfel schneiden. 8 Cocktailtomaten halbieren, 4 Wiener Würstchen in Scheiben schneiden und alles mit 150 g gekochten Maiskörnern unter den vorbereiteten Salat mischen. Zum Schluß die Mayonnaise-Joghurt-Mischung mit 1 TL Curry und 1/2 feingehackten Knoblauchzehe verrühren und unter den Salat mischen. Herzhaft abschmecken und gut durchziehen lassen. Mit frisch gehackten Kräutern bestreuen.

7. Kartoffelsalat mit Käse
Aus 600 g festkochenden Kartoffeln einen »Kartoffelsalat mit Mayonnaise«, siehe Grundrezept Seite 73, vorbereiten und kurz durchziehen lassen. 3 Selleriestangen in feine Scheiben und 150 g alten Gouda in feine Streifen schneiden. Zusammen mit 100 g entkernten, halbierten, schwarzen Oliven unter den vorbereiteten Salat mischen. Anstelle der Mayonnaise 3 EL Crème fraîche mit 2 EL Joghurt verrühren und unter den Salat mischen. Gut durchziehen lassen und mit Basilikumblättern bestreut servieren.

8. Kartoffelsalat mit Schinken und Essiggurke
Aus 600 g festkochenden Kartoffeln einen »Kartoffelsalat mit Mayonnaise«, siehe Grundrezept Seite 73, vorbereiten und kurz durchziehen lassen. 150 g gekochten Schinken und 3 große Gewürzgurken in feine Streifen schneiden. Mit 4 hartgekochten, in Würfel geschnittenen Eiern unter den Salat mischen. Zum Schluß die Mayonnaise-Mischung daruntermischen und den Salat gut durchziehen lassen. Mit feingeschnittenem Schnittlauch bestreuen.
Besonders fein schmeckt der Salat, wenn man anstatt des Schinkens geräucherte Rinderzunge verwendet.

KARTOFFELSALAT AUF MEDITERRANE ART

Geschmort wie Gemüse, kalt verzehrt wie Salat – diese Zubereitung ist in den südlichen Ländern besonders beliebt. Am besten bereitet man den Salat in den kühleren Morgenstunden vor und läßt ihn langsam bei schwacher Hitze garen. Abgekühlt und richtig durchgezogen schmeckt er dann spätabends als Beilage zu Gegrilltem.

Für 6 bis 8 Personen
Zubereitungszeit: 1 Stunde 30 Minuten
Marinierzeit: einige Stunden

- 800 g festkochende Kartoffeln
- 4 große Zwiebeln
- je 1 rote, gelbe und grüne Paprikaschote
- 2 bis 4 Knoblauchzehen
- 1/4 l Olivenöl, kaltgepreßt
- Salz
- frisch gemahlener Pfeffer
- 2 frische Thymianzweige
- 1/8 l trockener Weißwein
- 2 Fleischtomaten
- 1 EL Aceto Balsamico
- 2 bis 3 EL Weißweinessig
- 1 Bund Basilikum

1. Kartoffeln waschen, schälen und in große Würfel schneiden. Zwiebeln schälen und vierteln. Paprikaschoten waschen, halbieren, Stengelansätze und Samenstränge entfernen und in Würfel schneiden. Knoblauch schälen und fein hacken.
2. Das Öl in einem Schmortopf erhitzen. Erst Knoblauch und Zwiebeln darin glasig dünsten, dann die Kartoffeln und die Paprikawürfel dazugeben.
3. Mit Salz und Pfeffer würzen und den Thymian dazugeben. Mit dem Wein begießen und zugedeckt ca. 50 Minuten bei schwacher Hitze garen lassen.
4. Tomaten kurz blanchieren, häuten, halbieren, entkernen und in Stücke schneiden. 20 Minuten vor Ende der Garzeit unter das Gemüse mischen.
5. Die Kartoffel-Gemüse-Mischung mit dem Essig abschmecken und abkühlen lassen. Mindestens 3 bis 4 Stunden durchziehen lassen. Mit Basilikumblättern bestreuen und servieren.

Pro Person:
Kalorien (kcal) 770
Eiweiß (g) 7
Fett (g) 63
Kohlenhydrate (g) 39

• Entscheidend für den guten Geschmack des Salates ist kaltgepreßtes Olivenöl von bester Qualität.
• Den Salat keinesfalls im Kühlschrank abkühlen lassen, da bei zu tiefen Temperaturen das feine Aroma leidet.

KÜRBISSALAT

Schon vor ca. 8000 Jahren wurde der Kürbis im tropischen Amerika kultiviert und bei den Indianern als Gemüse geschätzt. Die bis zu 100 kg schweren Kürbisse werden im Spätherbst bei uns auf dem Markt angeboten. Das orangerote Fleisch schmeckt nicht nur sehr gut, es ist besonders leicht bekömmlich und mit 25 kcal pro 100 g extrem kalorienarm.

Für 4 Personen
Zubereitungszeit: 1 Stunde
Marinierzeit: einige Stunden

800 g Kürbis
1 mittelgroße Lauchstange
4 Selleriestangen
2 Knoblauchzehen
1 kleine Pfefferschote
5 EL Olivenöl, kaltgepreßt
Salz
frisch gemahlener Pfeffer
1 EL Curry
1/8 l trockener Weißwein
2 bis 3 EL Weißweinessig
2 EL gehackte Petersilie
2 EL Kürbiskerne, gekeimt oder geröstet

1. Kürbis schälen, entkernen und grobe Fasern entfernen. Das Fruchtfleisch in Würfel schneiden.
2. Von der Lauchstange die Wurzeln und das grüne Ende entfernen. Den Lauch und die Selleriestangen in 1/2 cm dicke Scheiben schneiden.
3. Knoblauchzehen schälen und wie die geputzte Pfefferschote fein hacken.
4. Das Öl in einem Schmortopf erhitzen und das vorbereitete Gemüse bei mittlerer Hitze darin etwa 10 Minuten andünsten. Mit Salz, Pfeffer und Curry würzen und mit Wein aufgießen. Zugedeckt bei schwacher Hitze 25 bis 35 Minuten garen.
5. Von der Kochstelle nehmen und den Essig sowie die Hälfte der Petersilie daruntermischen. Einige Stunden durchziehen lassen.
6. Vor dem Servieren noch einmal abschmecken, mit der restlichen Petersilie und den gekeimten oder gerösteten Kürbiskernen bestreuen. Entweder als vegetarische Vorspeise oder als Beilage zu gegrilltem Fleisch oder Fisch reichen.

Pro Person:
Kalorien (kcal) 170
Eiweiß (g) 4
Fett (g) 13
Kohlenhydrate (g) 8

• Die Keimdauer bei Kürbiskernen beträgt etwa 3 Tage. Vorher 1 Tag in kaltem Wasser einweichen. Nach dem Keimen die Schale entfernen.
• Andere Möglichkeit: Die getrockneten Kerne in einer Pfanne ohne Fettzugabe bei mittlerer Hitze rösten.

BUNTER BOHNENSALAT

Dieser Salat ist ideal für ein sommerliches Picknick, für Partys oder als Beilage zu Gegrilltem. Man sollte ihn frühzeitig vorbereiten, denn er schmeckt umso besser, je länger er durchzieht.

Für 8 Personen
Zubereitungszeit: 2 Stunden
Einweichzeit: 8 Stunden
Marinierzeit: einige Stunden

je 100 g getrocknete, weiße, rote, schwarze und braune Bohnen
2 frische Thymianzweige
250 g frische grüne Bohnen
je 1 rote, gelbe und grüne Paprikaschote

Für die Vinaigrette:
1 EL scharfer Senf
Salz
frisch gemahlener Pfeffer
5 EL Ro[illegible]
2 EL Aceto Balsamico
10 EL Olivenöl, kaltgepreßt

Außerdem:
1 Bund Frühlingszwiebeln
1 Bund glatte Petersilie

1. Bohnenkerne über Nacht in reichlich kaltem Wasser einweichen. Am nächsten Tag mit den Thymianzweigen im Einweichwasser in etwa 1 bis 1 1/2 Stunden weichkochen. Anschließend auf einem Sieb abtropfen lassen und die Abtropfflüssigkeit aufbewahren.

2. Von den grünen Bohnen die Enden abknipsen, falls nötig entfädeln und in Salzwasser bißfest kochen. In eisgekühltem Wasser abschrecken.

3. Paprikaschoten waschen, vierteln und Stengelansätze und Samenstränge entfernen. Die Viertel quer in feine Streifen schneiden. Alle Zutaten miteinander vermischen.

4. Senf, Salz, Pfeffer und den Essig so lange verrühren, bis sich das Salz aufgelöst hat. Unter weiterem Rühren das Öl dazugießen. Die Vinaigrette mit den Salatzutaten vermischen und den Salat mindestens einige Stunden, noch besser über Nacht, durchziehen lassen.

5. Vor dem Servieren die Frühlingszwiebeln waschen und mit einem Teil des Grüns in dünne Scheiben schneiden. Mit der frisch gehackten Petersilie unter den Salat mischen.

Pro Person:
Kalorien (kcal) 290
Eiweiß (g) 12
Fett (g) 14
Kohlenhydrate (g) 28

Wenn es schneller gehen soll, können Sie auch auf gekochte Bohnen aus der Dose zurückgreifen!

LINSENSALAT MIT GEMÜSE UND KÜRBISKERNÖL

KICHERERBSENSALAT MIT TOMATEN

Für 4 Personen
Zubereitungszeit: 35 Minuten

- 300 g braune Tellerlinsen
- 1 frischer Thymianzweig
- 4 Frühlingszwiebeln
- 1 gelbe Paprika
- 200 g Cocktailtomaten

Für die Vinaigrette:

- Salz, frisch gemahlener Pfeffer
- 1 TL feinwürziger Senf
- 3 EL Weißweinessig
- 4 EL Kürbiskernöl

Außerdem:

- 1 Bund Basilikum

1. Linsen und Thymian mit Wasser bedecken und in ca. 30 Minuten gar kochen, dann abtropfen lassen.
2. Frühlingszwiebeln und die Paprika putzen. Zwiebeln in dünne Scheiben, Paprika in kleine Würfel schneiden und die Tomaten vierteln.
3. Aus den angegebenen Zutaten eine Vinaigrette rühren und alles damit vermischen.
4. Vor dem Servieren mit dem in Streifen geschnittenen Basilikum bestreuen.

Pro Person:
Kalorien (kcal) 345
Eiweiß (g) 19
Fett (g) 11
Kohlenhydrate (g) 43

Für 4 Personen
Zubereitungszeit: ca. 2 Stunden
Marinierzeit: 1 Stunde

- 200 g Kichererbsen
- 1 Lorbeerblatt
- 1 frischer Thymianzweig
- 4 Tomaten, 2 Zwiebeln
- 150 g Feta-Käse
- 1 Bund glatte Petersilie
- 50 g schwarze entsteinte Oliven

Für die Vinaigrette:

- Salz, frisch gemahlener Pfeffer
- 2 bis 3 EL Rotweinessig
- 5 EL Olivenöl, kaltgepreßt

1. Kichererbsen über Nacht in 1 Liter Wasser einweichen. Dann in ca. 2 Stunden bei schwacher Hitze gar kochen.
2. Tomaten achteln, die Zwiebeln in Würfel schneiden und den Feta-Käse zerkleinern. Die Petersilie hacken und alles mit den abgekühlten Kichererbsen und den Oliven vermischen.
3. Eine Vinaigrette zubereiten und den Salat damit 1 Stunde marinieren.

Pro Person:
Kalorien (kcal) 410
Eiweiß (g) 18
Fett (g) 23
Kohlenhydrate (g) 36

Salate mit Nudeln, Reis und Körnern

Ob Tortellinisalat mit Gemüsevinaigrette, ungarischer Reissalat oder Bulgursalat auf afrikanische Art – der Vielfalt sind keine Grenzen gesetzt.

NUDELSALAT MIT PILZEN UND PESTO

Nudelsalate sind auch heute noch bei jung und alt gleichermaßen beliebt, und dank der unzähligen verschiedenen Pastasorten aus Italien sieht auch jeder Salat wieder ein bißchen anders aus. Bei unseren südlichen Nachbarn hingegen kennt man diese Zubereitungsart kaum.

Für 4 Personen
Zubereitungszeit: 45 Minuten
Marinierzeit: 1 Stunde

- 250 g Orecchiette
- Salz
- 250 g kleine Steinpilze
- 1 Zwiebel
- 2 EL Olivenöl
- 2 Fleischtomaten
- 150 g (Büffel-)Mozzarella

Für das Pesto:

- 50 g Pinienkerne
- 1 großer Bund Basilikum
- 2 bis 3 Knoblauchzehen
- 1 EL grobes Salz
- 50 g Parmesan
- 6 EL Olivenöl, kaltgepreßt
- 1 EL Aceto Balsamico
- 1 bis 2 EL Weißweinessig
- frisch gemahlener Pfeffer
- 1 EL gehackte Petersilie

1. Die Orecchiette in reichlich Salzwasser nach Angaben auf der Packung al dente kochen. Auf einem Durchschlag abtropfen lassen, dabei etwas Kochwasser aufbewahren. Mit kaltem Wasser abbrausen.
2. Die Pilze putzen, nur wenn nötig kurz waschen und in dünne Scheiben schneiden oder vierteln. Die Zwiebel schälen und in kleine Würfel schneiden.
3. Öl in einer Pfanne erhitzen und die Pilze darin bei starker Hitze anbraten. Die Zwiebelwürfel dazugeben und kurz mitdünsten. Vom Herd nehmen und abkühlen lassen.
4. Die Tomaten blanchieren, häuten, halbieren, entkernen und in Würfel schneiden. Den Mozzarella in Stücke schneiden.
5. Pinienkerne, abgezupfte Basilikumblätter sowie die geschälten, kleingeschnittenen Knoblauchzehen in einem Mörser zerkleinern und dabei immer wieder etwas Salz hinzufügen.
6. Parmesan in kleinen Stückchen dazugeben, fein zerstoßen und nach und nach das Öl darunterrühren bis eine geschmeidige Sauce entstanden ist. Zum Schluß den Essig daruntermischen und das Pesto mit den Nudeln, Pilzen, Tomaten und Mozzarella vermengen.
7. Bei Bedarf den Salat mit etwas Nudelkochwasser »geschmeidiger« machen. Mit Pfeffer bestreuen und mindestens 15 Minuten durchziehen lassen.

Person:
Kalorien (kcal) 680
Eiweiß (g) 24
Fett (g) 38
Kohlenhydrate (g) 55

• Versuchen Sie den Salat auch einmal mit Hörnchennudeln, Farfalle oder Fussili.
• Unbedingt frisch zubereitetes Pesto verwenden!

Nudeln kochen
In einem großen Kochtopf reichlich Salzwasser zum Kochen bringen (pro 100 g Nudeln 1 Liter Wasser und 10 g Salz). Die Nudeln hineingeben und nach Angaben auf der Packung al dente kochen. Zwischendurch auf Bißfestigkeit prüfen.

Nudeln abgießen
Die gegarten Nudeln auf einen Durchschlag schütten, dabei ein wenig Kochflüssigkeit aufbewahren. Mit kaltem Wasser abbrausen, damit die Nudeln nicht aneinanderkleben. Gut abtropfen lassen.

Pilze braten
Das Öl erhitzen und die zerkleinerten Pilze scharf anbraten. Die in Würfel geschnittene Zwiebel dazugeben und mitdünsten.

Salatsauce zubereiten
Pinienkerne, abgezupfte Basilikumblätter und kleingeschnittene Knoblauchzehen in einem Mörser zerstoßen, das Salz dazugeben. Parmesan in kleinen Stückchen dazugeben, zerstoßen und langsam das Öl darunterrühren, mit Essig würzen.

Salat anmachen
Nudeln, Tomaten, Pilze und Mozzarella in einer Schüssel vermischen und mit dem Pesto begießen. Mit einem Salatbesteck locker vermischen und bei Bedarf mit etwas Nudelkochwasser »geschmeidiger« machen. Mit Pfeffer bestreuen.

PENNESALAT MIT SALAMI

Für 4 Personen
Zubereitungszeit: 30 Minuten
Marinierzeit: 1 bis 2 Stunden

250 g Penne, Salz
1 rote Paprikaschote
150 g Mailänder-Salami
1 große Essiggurke
150 g gekochte Maiskörner
2 EL gehackte Petersilie
Für die Salatsauce:
3 EL Mayonnaise
2 EL Vollmilchjoghurt
2 EL Ketchup
1 TL Paprikapulver, edelsüß
Salz
frisch gemahlener Pfeffer
3 bis 4 EL Weißweinessig

1. Nudeln al dente kochen, siehe Grundrezept auf Seite 83.
2. Paprikaschote waschen, putzen und wie Salami und Essiggurke in kleine Würfel schneiden. Mit Maiskörnern und Petersilie zu den Nudeln geben.
3. Die Saucenzutaten gründlich verrühren und mit den Salatzutaten vermischen. Den Salat durchziehen lassen.
4. Falls er zu trocken ist, mit etwas Einlegflüssigkeit der Essiggurke oder Kochwasser »geschmeidiger« machen.

Pro Person:
Kalorien (kcal) 580
Eiweiß (g) 17
Fett (g) 30
Kohlenhydrate (g) 57

FARFALLESALAT MIT ERBSEN UND SCHINKEN

Für 4 Personen
Zubereitungszeit: 30 Minuten
Marinierzeit: 1 bis 2 Stunden

250 g Farfalle
Salz
150 g Tiefkühl-Erbsen
150 g Kochschinken
2 EL gehackte Kräuter
Für die Salatsauce:
4 EL Crème fraîche
Salz
frisch gemahlener Pfeffer
80 g geriebener Hartkäse
2 bis 3 EL Estragonessig

1. Nudeln al dente kochen, siehe Grundrezept auf Seite 83.
2. Tiefkühl-Erbsen kurz in wenig kochendem Wasser garen. Den Schinken in feine Streifen schneiden. Nudeln, Erbsen, Schinken und Kräuter in einer Schüssel vermischen.
3. Crème fraîche mit Salz, Pfeffer, Käse und Essig zu einer glatten Sauce verrühren. Über die Nudeln gießen und miteinander vermischen. Falls nötig, mit etwas Nudelkochwasser »geschmeidiger« machen.

Pro Person:
Kalorien (kcal) 460
Eiweiß (g) 24
Fett (g) 16
Kohlenhydrate (g) 51

TORTELLINISALAT MIT GEMÜSEVINAIGRETTE

Für 4 Personen
Zubereitungszeit: 30 Minuten
Marinierzeit: 2 bis 3 Stunden

250 g Tortellini
Salz
Für die Vinaigrette:
1 kleiner Zucchino
1 Selleriestange
1 gehäutete Tomate
2 EL Zwiebelwürfel
1 EL Aceto Balsamico
3 EL Weißweinessig
1/8 l trockener Weißwein
Salz
frisch gemahlener Pfeffer
5 EL Olivenöl, kaltgepreßt
1 Bund Schnittlauch

1. Tortellini al dente kochen, siehe Grundrezept auf Seite 83.
2. Zucchino, Selleriestange und Tomate in kleine Würfel schneiden und mit den Zwiebelwürfeln vermischen.
3. Essig mit Wein, Salz und Pfeffer so lange verrühren, bis sich das Salz aufgelöst hat. Langsam das Öl dazugießen. Das Gemüse hinzufügen.
4. Tortellini mit der Vinaigrette vermischen und den Salat gut durchziehen lassen. Mit feingeschnittenem Schnittlauch bestreut servieren.

Pro Person:
Kalorien (kcal) 380
Eiweiß (g) 9
Fett (g) 13
Kohlenhydrate (g) 50

CONCHIGLIESALAT MIT BROCCOLI

Für 4 Personen
Zubereitungszeit: 40 Minuten

250 g Conchiglie
Salz
300 g Broccoli
150 g Cocktailtomaten
1 kleine Pfefferschote
1 Knoblauchzehe
Für die Salatsauce:
100 g Gorgonzola
4 EL Sahne
3 EL Weißweinessig
3 EL Olivenöl, kaltgepreßt
Salz
frisch gemahlener Pfeffer

1. Conchiglie al dente kochen, siehe Grundrezept auf Seite 83.
2. Broccoli putzen, in kleine Röschen teilen und in wenig Salzwasser bißfest kochen. In eisgekühltem Wasser abschrecken. Tomaten vierteln, die Pfefferschote fein schneiden und die Knoblauchzehe fein hacken.
3. Für die Salatsauce den Gorgonzola mit einer Gabel zerdrücken. Mit Sahne, Essig und Öl verquirlen und vorsichtig mit Salz und Pfeffer würzen.
4. Die Sauce mit den Salatzutaten vermischen und den Salat kurz durchziehen lassen. Falls nötig, mit ein wenig Sahne »geschmeidiger« machen.

Pro Person:
Kalorien (kcal) 460
Eiweiß (g) 16
Fett (g) 21
Kohlenhydrate (g) 50

NUDELSALAT MIT MARINIERTEM GEMÜSE

Ein nicht alltäglicher Nudelsalat, der ohne viel Aufwand rasch zubereitet werden kann: In Öl eingelegtes Gemüse – in vielen ausländischen Lebensmittelgeschäften, aber auch in Feinkostgeschäften erhältlich –, eine Dose Thunfisch und Nudeln aus dem Vorratsschrank – jetzt kann jederzeit überraschender Besuch kommen.

Für 4 Personen
Zubereitungszeit: 20 Minuten
Marinierzeit: 1 bis 2 Stunden

250 g Fusilli
Salz
350 g gemischtes, in Öl eingelegtes Gemüse (z. B. Paprika, Zwiebeln, Zucchini, Pilze)
150 g eingelegter Thunfisch, naturell
50 g mit Paprika gefüllte Oliven
3 EL kleine Kapern
1 Bund glatte Petersilie
Für die Vinaigrette:
1 Knoblauchzehe
2 bis 3 EL Aceto Balsamico
Salz
frisch gemahlener Pfeffer
3 EL Olivenöl, kaltgepreßt

1. Fusilli in reichlich Salzwasser al dente kochen. Auf einen Durchschlag schütten, kalt abbrausen und gut abtropfen lassen.
2. Das eingelegte Gemüse auf einem Sieb abtropfen lassen und die aufgefangene Marinade mit den gegarten Nudeln vermischen.
3. Das Gemüse, falls nötig, in kleine Stücke schneiden. Den Thunfisch zerpflücken und mit den in Scheiben geschnittenen Oliven und den Kapern zu den Nudeln geben. Die Petersilie hacken und ebenfalls untermischen.
4. Für die Vinaigrette die geschälte Knoblauchzehe durch eine Presse drücken und mit Essig, Salz und Pfeffer so lange verrühren, bis sich das Salz aufgelöst hat. Unter weiterem Rühren das Öl dazugießen.
5. Den Nudelsalat mit der Vinaigrette vermischen und bei Bedarf noch ein wenig nachwürzen. Vor dem Servieren kurz durchziehen lassen.

Pro Person:
Kalorien (kcal) 425
Eiweiß (g) 17
Fett (g) 16
Kohlenhydrate (g) 50

• Manche Gläser mit mariniertem Gemüse enthalten auch Oliven. In diesem Fall kann man auf zusätzliche Oliven verzichten.
• Anstelle von Thunfisch in feine Streifen geschnittenen Parmaschinken untermischen!

NUDELSALAT MIT MEERESFRÜCHTEN

Pasta und Meeresfrüchte, warm oder kalt serviert, sind immer eine unwiderstehliche Verführung. Natürlich ist der Salat mit frisch gekochten Meeresfrüchten am feinsten. Meeresfrüchte aus der Tiefkühltruhe sparen allerdings Zeit und sind immer griffbereit.

Für 4 Personen
Zubereitungszeit: 25 Minuten
Marinierzeit: 1 Stunde

- 250 g Rigatoni
- Salz
- 6 EL Olivenöl, kaltgepreßt
- 3 EL Weißweinessig
- 1 Zwiebel
- 2 Knoblauchzehen
- 1 kleine Pfefferschote
- 3 große Tomaten
- 300 g gemischte Tiefkühl-Meeresfrüchte
- einige Safranfäden
- 1/2 TL Curry
- 4 bis 5 EL trockener Weißwein
- frisch gemahlener Pfeffer
- 1 Bund Basilikum
- 1/2 Bund Dill

1. Nudeln in reichlich Salzwasser nach Angaben auf der Packung al dente kochen. Auf einen Durchschlag schütten, kalt abbrausen und gut abtropfen lassen. Mit 2 EL Öl und 2 EL Essig vermischen.

2. Zwiebel und Knoblauch schälen und in kleine Würfel schneiden, die Pfefferschote fein hacken. Tomaten kurz blanchieren, häuten, halbieren, entkernen und in Würfel schneiden.

3. Das restliche Öl in einer Pfanne erhitzen und Zwiebel- und Knoblauchwürfel darin glasig dünsten. Die tiefgekühlten Meeresfrüchte dazugeben, mit Salz, Safran und Curry würzen und bei mittlerer Hitze wenige Minuten andünsten. Mit Wein aufgießen und 3 bis 4 Minuten garen.

4. Etwas abkühlen lassen, dann mit den Tomatenwürfeln unter die Nudeln mischen. Mit Salz, Pfeffer und restlichem Essig abschmecken. Den Salat kurz durchziehen lassen.

5. Die Kräuter fein hacken und kurz vor dem Servieren unter den Salat mischen.

Pro Person:
Kalorien (kcal) 500
Eiweiß (g) 23
Fett (g) 20
Kohlenhydrate (g) 53

Mischen Sie zusätzlich einen kleinen, in Julienne geschnittenen Zucchino unter den Salat!

GLASNUDELSALAT MIT GRAPEFRUIT

In asiatischen Ländern wird nicht nur Reis gegessen, vor allem in Nordchina gehören auch Nudeln mit auf den Speisezettel. Die bekanntesten chinesischen Nudeln sind die »Glasnudeln«, hergestellt aus Soja- oder Mungobohnen. Auch aus Reismehl werden Nudeln gemacht. Während chinesische Eiernudeln und Reisnudeln wie unsere Nudeln gekocht werden, muß man Glasnudeln lediglich überbrühen und quellen lassen.

Für 4 Personen
Zubereitungszeit: 30 Minuten
Marinierzeit: 1 Stunde

- 150 g Glasnudeln
- 1 große Lauchstange
- 2 mittelgroße Möhren
- 1 Knoblauchzehe
- 5 EL Erdnußöl
- Salz, frisch gemahlener Pfeffer
- 2 Grapefruits
- 250 g geräucherte Putenbrust
- 5 Pfefferminzblätter
- 5 Zitronenmelisseblätter
- 1/2 TL frische geriebene Ingwerwurzel
- 4 EL Zitronensaft
- 50 g geröstete Erdnüsse

1. Die Glasnudeln in eine große Schüssel geben und mit kochendem Wasser übergießen. Etwa 10 Minuten quellen lassen.
2. Von der Lauchstange die Wurzeln und das grüne Ende entfernen. Die Stange in feine Scheiben schneiden. Möhren schälen und erst der Länge nach in feine Scheiben, dann quer in feine Streifen schneiden. Die geschälte Knoblauchzehe fein hacken.
3. 2 EL Öl in einer Pfanne erhitzen. Gemüse und Knoblauch in wenigen Minuten bißfest braten. Mit Salz und Pfeffer würzen und abkühlen lassen.
4. Die Grapefruits schälen, dabei die weiße Haut völlig entfernen, dann filetieren. Den dabei austretenden Saft auffangen. Die Putenbrust in feine Streifen schneiden und die Kräuter fein wiegen.
5. Die Glasnudeln auf einem Sieb abtropfen lassen und mit einer Schere in etwa 4 cm lange Fäden schneiden.
6. Gemüse, Glasnudeln, Putenfleisch und Kräuter vermischen und mit Ingwer, Zitronen-, Grapefruitsaft und dem restlichen Öl vermischen. Gut durchziehen lassen und kurz vor dem Servieren mit den gehackten Erdnüssen bestreuen.

Glasnudeln einweichen
Glasnudeln in eine große Schüssel geben. Mit so viel kochendem Wasser begießen, daß die Glasnudeln völlig bedeckt sind. Mindestens 10 Minuten quellen lassen.

Salatzutaten vorbereiten
Lauch in feine Scheiben, Möhren in Julienne schneiden, Knoblauch hacken und bißfest braten. Grapefruits schälen, dabei die weiße Haut völlig entfernen; dann filetieren.

Salat anmachen
Glasnudeln abtropfen lassen. Mit einer Schere zerschneiden. Mit den vorbereiteten Zutaten vermischen und mit Ingwer, gehackten Kräutern, Zitronensaft und Öl marinieren.

Pro Person:
Kalorien (kcal) 440
Eiweiß (g) 30
Fett (g) 28
Kohlenhydrate (g) 13

GLASNUDELSALAT MIT SPROSSEN UND SAMEN

Für 4 Personen
Zubereitungszeit: 25 Minuten

150 g Glasnudeln
150 g Sojabohnenkeimlinge
200 g Chinakohl
1 rote Paprika
Für die Vinaigrette:
1 TL frisch geriebener Meerrettich
3 EL Sherryessig
1 EL Sojasauce
Salz, frisch gemahlener Pfeffer
1 TL Sesamöl
3 EL Sonnenblumenöl
Außerdem:
2 EL Sonnenblumenkerne

1. Die Glasnudeln mit kochendem Wasser übergießen und 10 Minuten quellen lassen.
2. Die Sojabohnenkeimlinge kurz blanchieren und gut abtropfen lassen. Den Chinakohl und die geputzte, geviertelte Paprikaschote in sehr feine Streifen schneiden. Die Glasnudeln abtropfen lassen, in kurze Fäden schneiden und mit den vorbereiteten Zutaten vermischen.
3. Aus den angegebenen Zutaten eine Vinaigrette zubereiten und den Salat damit anmachen. Die Sonnenblumenkerne in einer Pfanne trocken rösten und den Salat damit bestreuen.

Pro Person:
Kalorien (kcal) 260
Eiweiß (g) 16
Fett (g) 19
Kohlenhydrate (g) 3

GLASNUDELSALAT MIT SHIITAKE-PILZEN

Für 4 Personen
Zubereitungszeit: 30 Minuten
Marinierzeit: 1 Stunde

150 g Glasnudeln
200 g Shiitake-Pilze
2 Schalotten
2 EL Keimöl
Salz, frisch gemahlener Pfeffer
2 kleine Zucchini
1 große Möhre
2 EL gehackte Petersilie
Für die Vinaigrette:
1 TL Erdnußcreme
Salz, frisch gemahlener Pfeffer
3 EL Weißweinessig
2 cl Fino-Sherry
4 EL Erdnußöl
1 TL Sesamöl

1. Glasnudeln mit kochendem Wasser übergießen und etwa 10 Minuten quellen lassen.
2. Pilze putzen und in Scheiben, die geschälten Schalotten in kleine Würfel schneiden. In dem heißen Öl glasig dünsten. Mit Salz und Pfeffer würzen und abkühlen lassen.
3. Zucchini und Möhre in feine Streifen schneiden. Gemüse mit der Petersilie unter die abgetropften, kleingeschnittenen Glasnudeln mischen.
4. Angegebene Zutaten für die Vinaigrette verrühren und den Salat damit anmachen.

Pro Person:
Kalorien (kcal) 310
Eiweiß (g) 15
Fett (g) 23
Kohlenhydrate (g) 6

REISNUDELSALAT MIT PINIENKERNEN

Reisnudeln haben ihren Namen nur ihrer Form zu verdanken – sie sehen aus wie Reiskörner. Hergestellt werden sie jedoch aus Weizenmehl. Besonders beliebt sind sie in Griechenland, seit kurzem gibt es Reisnudeln aber auch bei uns zu kaufen, meist in Feinkost- und Spezialitätengeschäften. Durch die Minze erhalten Salate mit Reisnudeln eine besonders raffinierte Note.

Für 4 Personen
Zubereitungszeit: 30 Minuten

250 g Reisnudeln
Salz
1 Hähnchenbrust (150 g)
2 EL Keimöl
60 g Pinienkerne
1 Bund Pfefferminze

Für die Salatsauce:

2 Eigelb
1 TL feinwürziger Senf
1 Prise Zucker
Salz
gemahlener weißer Pfeffer
1/4 l Keimöl
100 g saure Sahne
Saft von 2 Zitronen

1. Die Reisnudeln in reichlich Salzwasser nach Anweisung auf der Packung al dente kochen. Auf einen Durchschlag schütten, kalt abbrausen und gut abtropfen lassen.
2. Hähnchenbrust waschen, trockentupfen und salzen. Das Öl in einer Pfanne erhitzen und die Hähnchenbrust darin von jeder Seite etwa 4 Minuten braten. Abkühlen lassen.
3. Pinienkerne in der Pfanne ohne Fettzugabe goldbraun rösten. Die Minzeblätter abzupfen, große Blätter in feine Streifen schneiden.
4. Eigelb, Senf, Zucker, Salz und Pfeffer mit den Schneebesen eines Handrührgerätes cremig rühren. Das Öl tröpfchenweise unter ständigem Schlagen dazugeben. Sobald eine Mayonnaise entstanden ist, die saure Sahne und den Zitronensaft darunterrühren und noch einmal mit Salz und Pfeffer würzig abschmecken.
5. Nudeln, Pinienkerne und Minze mit der Mayonnaise vermischen und kurz durchziehen lassen.
6. Mit der in Scheiben geschnittenen Hähnchenbrust servieren.

Pro Person:
Kalorien (kcal) 735
Eiweiß (g) 18
Fett (g) 54
Kohlenhydrate (g) 39

• Wenn es schnell gehen soll, greifen Sie auf »Fertig-Mayonnaise« zurück.
• Anstelle der frisch gebratenen Hähnchenbrust können Sie auch gekochten Schinken in feine Streifen schneiden und unter den Salat mischen.

FERNÖSTLICHER NUDEL-BOHNEN-SALAT

Ob nun Italiener oder Chinesen die Erfinder der Nudel waren, ist bislang noch ungeklärt. Fest steht auf jeden Fall, daß auch die Chinesen gerne Nudeln essen und nicht nur die aus Reismehl zubereiteten Glasnudeln. Das Neueste auf unserem Markt sind die aus Weizenmehl und Wasser hergestellten »Instant-Mie« (Chuka Soba): Die dünnen, spiralig zusammengepreßten Nudeln sind nach 4 bis 5 Minuten im kochenden Wasser al dente und können dann entweder als Beilage zu chinesischen Gerichten oder wie hier als Salat weiterverarbeitet werden.

Für 4 Personen
Zubereitungszeit: 40 Minuten
Marinierzeit : 1 Stunde

250 g japanische Weizenmehlnudeln (Chuka Soba)
Salz
300 g grüne Bohnen
4 Frühlingszwiebeln
1 Pfefferschote
200 g Garnelen ohne Schale
Für die Salatsauce:
2 EL Crème fraîche
100 g Vollmilchjoghurt
2 EL Kokosmilch
1 Knoblauchzehe
1 EL Curry
1 Msp Kreuzkümmelpulver
1 Msp Korianderpulver
Salz, frisch gemahlener Pfeffer
5 bis 6 EL Zitronensaft
1 EL Fischsauce
Außerdem:
1 EL gehacktes Koriandergrün (Cilantro)

1. Nudeln in reichlich kochendem Salzwasser in 4 bis 5 Minuten al dente kochen, dabei gelegentlich mit einer Gabel umrühren. Auf einen Durchschlag schütten, kalt abbrausen, gut abtropfen lassen und kleinschneiden.
2. Von den Bohnen die Enden abknipsen. Die Bohne in kochendem Salzwasser in wenigen Minuten bißfest kochen und sofort in eisgekühltem Wasser abschrecken. Dann schräg in feine Scheiben schneiden.
3. Frühlingszwiebeln putzen, in Scheiben schneiden, die Pfefferschote fein schneiden und beides mit den Bohnen und den Garnelen unter die Nudeln mischen.
4. Crème fraîche, Joghurt und Kokosmilch verrühren. Die geschälte Knoblauchzehe durch eine Presse in die Sauce drücken und mit den Gewürzen, Zitronensaft und Fischsauce abschmecken.
5. Die Sauce über den Salatzutaten verteilen, gründlich vermischen und mit gehackten Korianderblättern bestreuen. Den Salat mindestens 1 Stunde durchziehen lassen.

Pro Person:
Kalorien (kcal) 300
Eiweiß (g) 18
Fett (g) 5
Kohlenhydrate (g) 45

Sie können für dieses Rezept natürlich auch herkömmliche Teigwaren verwenden. Mit den japanischen Nudeln sieht der Salat aber besonders reizvoll aus, außerdem harmonieren sie besser mit den asiatischen Gewürzen.

UNGARISCHER REISSALAT

Reis ist eine der ältesten Kulturpflanzen und für die Hälfte der Erdbevölkerung das Hauptnahrungsmittel. In unseren Breiten fristet er eher ein »Beilagen-Dasein«. Dabei sind die Körner ungemein vielseitig verwendbar, wie Sie auf dieser und den folgenden Seiten sehen können. Übrigens, von den etwa 8000 Reissorten spielen nur acht ein bedeutende Rolle für unsere Ernährung! Für Salat nimmt man am besten Langkornreis.

Für 4 Personen
Zubereitungszeit: 45 Minuten
Marinierzeit: 1 Stunde

- 2 EL Keimöl
- 2 EL Zwiebelwürfel
- 150 g Langkornreis
- Salz
- 1 TL Paprikapulver, edelsüß
- 350 ml Fleischbrühe
- je 1 kleine rote und grüne Paprikaschote
- 100 g ungarische Salami
- 100 g Emmentaler Käse
- 1 Pfefferschote
- 1 Bund Petersilie
- 100 g gekochte Maiskörner

Für die Salatsauce:

- 3 EL Mayonnaise
- 100 g saure Sahne
- 2 EL Ketchup
- 3 bis 4 EL Weißweinessig
- Salz
- frisch gemahlener Pfeffer

1. Das Öl in einem Kochtopf erhitzen, die Zwiebelwürfel glasig dünsten, dann den Reis darin bei mittlerer Hitze unter Rühren kurz anbraten. Salzen, mit Paprikapulver bestäuben und mit der Brühe aufgießen.
2. Den Reis einmal aufkochen lassen, dann zugedeckt bei schwacher Hitze in etwa 20 bis 25 Minuten ausquellen lassen. Den gegarten Reis in eine Schüssel geben, mit einer Gabel lockern und abkühlen lassen.
3. Während der Reis gart, die Paprikaschoten waschen, vierteln und Stengelansätze und Samenstränge entfernen. Die Viertel in feine Streifen schneiden. Salami und Käse in etwa 4 cm lange, feine Streifen schneiden. Geputzte Pfefferschote und Petersilie fein hacken.
3. Die vorbereiteten Zutaten mit den Maiskörnern unter den abgekühlten Reis mischen.
4. Mayonnaise, saure Sahne und Ketchup zu einer glatten Sauce verrühren und mit Essig, Salz und Pfeffer würzen. Mit den Salatzutaten vermischen und noch einmal herzhaft abschmecken.

Pro Person:
Kalorien (kcal) 590
Eiweiß (g) 17
Fett (g) 38
Kohlenhydrate (g) 40

• Der Salat eignet sich vortrefflich als Partysalat. Er fällt nicht zusammen und schmeckt sogar noch aromatischer, wenn er längere Zeit durchziehen kann. • In diesem Fall die Hälfte der Petersilie erst kurz vor dem Servieren frisch an den Salat geben.

1. Art: Reis kochen
Öl erhitzen und die Zwiebelwürfel darin glasig dünsten. Den Reis dazugeben, mit Salz und Paprikapulver würzen und mit Brühe aufgießen. Einmal aufkochen lassen. Zugedeckt bei schwacher Hitze in etwa 20 Minuten ausquellen lassen.

2. Art: Reis kochen
In einem großen Topf reichlich Salzwassr zum Kochen bringen. Den Reis hineingeben, einmal umrühren und sprudelnd im offenen Topf in etwa 20 Minuten gar kochen. Nach Ende der Garzeit auf ein Sieb schütten und gut abtropfen lassen.

Salatzutaten vorbereiten
Paprikaschoten waschen, vierteln, Stengelansätze und Samenstränge entfernen und die Viertel quer in Streifen schneiden. Die Salami- und Käsescheiben ebenfalls in feine Streifen schneiden. Pfefferschote und Petersilie fein hacken.

Salatsauce rühren
Mayonnaise, saure Sahne und Ketchup in eine Schüssel geben und mit einem Schneebesen zu einer glatten Creme verrühren. Mit Essig, Salz und Pfeffer herzhaft würzen. Reissalate schmecken auch mit einer Vinaigrette (siehe S. 26/27).

Salat fertigstellen
Abgekühlten Reis und die vorbereiteten Salatzutaten in einer Schüssel locker vermischen. Mit der Salatsauce begießen und mit einem Salatbesteck gründlich vermengen. Noch einmal herzhaft abschmecken.

PARTYSALATE MIT REIS

Reissalate entsprechen eigentlich allen Anforderungen, die man an Partysalate stellen kann: Sie lassen sich gut vorbereiten und sie sehen selbst nach Stunden noch appetitanregend aus.

Für 4 Personen
Zubereitungszeit: 45 Minuten

1. Reissalat mit Banane
150 g Langkornreis, wie im Grundrezept (1. Art) auf Seite 93 beschrieben, zubereiten. Das Paprikapulver durch 1 EL Curry ersetzen. 250 g Putenbrustfleisch in 2 EL heißem Keimöl einige Minuten braten. Salzen, pfeffern und abkühlen lassen. 50 g Cashewnüsse im Bratfett goldbraun braten. 1 geschälten, entkernten Apfel in Würfel, 1 Banane in Scheiben schneiden. Beides mit dem Saft von 1 Zitrone beträufeln. Das Putenbrustfleisch in Scheiben schneiden. Alle Zutaten vermischen und mit einer Salatsauce aus 2 EL Crème double, 2 EL Mango-Chutney, 2 cl Fino-Sherry, 1 TL Curry, 1 bis 2 gehackten Chilischoten, Salz und Pfeffer marinieren.

2. Reissalat mit Mango
150 g Langkornreis, wie im Grundrezept (1. Art) auf Seite 93 beschrieben, zubereiten. Das Paprikapulver durch 1 TL Curry ersetzen. 1 Mango schälen, das Fruchtfleisch vom Kern lösen und in Würfel schneiden. 2 Selleriestangen in Scheiben schneiden, 50 g Salzmandeln grob hacken. 200 g mageren, kalten Schweinebraten in feine Streifen schneiden. Alle Zutaten vermischen und mit einer Salatsauce aus 4 EL Crème fraîche, 100 g Vollmilchjoghurt, 1 EL frisch geriebenem Ingwer, 1 TL Curry, Saft von 1 Zitrone, 1 Msp Sambal Oelek, Salz und frisch gemahlenem Pfeffer marinieren.

3. Reissalat mit Ananas
150 g Langkornreis, wie im Grundrezept (1. Art) auf Seite 93 beschrieben, zubereiten (Paprikapulver weglassen). 1/2 frische Ananas schälen und ohne den harten Strunk in Stifte schneiden. 200 g in Scheiben geschnittenen, kalten Kalbsbraten in feine Streifen schneiden. 1 Bund Frühlingszwiebeln putzen und in dünne Scheiben schneiden. Alle Zutaten vermischen und mit einer Mayonnaise aus 2 EL Orangensaft, 2 Eigelb und 1/4 l Keimöl, 3 EL Kokosmilch, 2 EL Weinbrand, etwas Cayennepfeffer, Salz und Pfeffer marinieren. Mit 2 EL gerösteten Kokosraspeln bestreut servieren.

4. Reissalat mit Gemüse
150 g Langkornreis, wie im Grundrezept (2. Art) auf Seite 93 beschrieben, zubereiten. 300 g gemischtes Gemüse nach Saison (z. B. grüner Spargel, Erbsen, Möhren, Kohlrabi oder grüne Bohnen) in kleine Stücke schneiden, bißfest kochen und kalt abschrecken. 4 hartgekochte Eigelb mit einer Gabel fein zerdrücken und das hartgekochte Eiweiß in kleine Würfel schneiden. Die Eigelb mit 1 TL Dijon-Senf verrühren, mit Salz und Pfeffer würzen. Unter Rühren mit einem Schneebesen 1/8 l Keimöl hinzufügen. 2 EL feingeschnittenen Schnittlauch und den Saft von 1 Zitrone darunterrühren. Reis und Gemüse mit dem Eierdressing gut vermischen.

1

2

3

4

5

6

7

8

5. Reissalat mit Thunfisch
150 g Langkornreis, wie im Grundrezept (2. Art) auf Seite 93 beschrieben, gar kochen. 185 g in Öl eingelegten Thunfisch gut abtropfen lassen und in Stücke zerpflücken. Den Thunfisch, 2 bis 3 EL kleine Kapern und 2 EL Zwiebelwürfel unter den abgekühlten Reis mischen. Mit einer Vinaigrette aus 1 TL feinwürzigen Senf, 2 bis 3 EL Zitronensaft, 1 EL Weißweinessig, Salz, frisch gemahlenem Pfeffer und 5 EL Keimöl marinieren. Mit 1 EL Petersilienblättchen bestreut servieren. Nach Belieben kann man noch 1 gehäutete, in Würfel geschnittene Tomate unter den Salat mischen.

6. Reissalat mit Krabben
150 g Langkornreis, wie im Grundrezept (1. Art) auf Seite 93 beschrieben, zubereiten, dabei das Paprikapulver weglassen und den Reis mit Fischbrühe aufgießen. 1 Mini-Salatgurke und einen säuerlichen Apfel schälen. Den Apfel halbieren und entkernen. Beides in kleine Würfel schneiden und mit 2 EL feingeschnittenem Dill sowie 200 g Krabben (ohne Schale) unter den abgekühlten Reis mischen. Mit einer Sauce aus 3 EL Mayonnaise und 2 EL Joghurt, dem Saft von 1 Zitrone, Salz und frisch gemahlenem Pfeffer vermischen. Noch einmal abschmecken und mit reichlich frisch gehacktem Dill bestreut servieren.

7. Reissalat mit Räucherfisch
150 g Langkornreis wie im Grundrezept (2. Art) auf Seite 93 beschrieben, zubereiten. 1 Bund Frühlingszwiebeln putzen und in feine Scheiben schneiden. 2 Essiggurken und 2 eingelegte Paprikahälften in kleine Würfel schneiden. Mit 2 EL kleinen Kapern unter den abgekühlten Reis mischen. 250 g geräuchertes Forellenfilet (ohne Haut und Gräten) in kleine Stücke zerpflücken und mit 1 EL gehacktem Dill und 1 EL feingeschnittenem Schnittlauch unter den Salat mischen. Mit einer Marinade aus 3 bis 4 EL Weißweinessig, 1 TL frisch geriebenem Meerrettich, Salz, frisch gemahlenem Pfeffer und 5 EL Keimöl marinieren. Sie können den Salat auch mit Bückling oder Schillerlocken zubereiten.

8. Reissalat mit Käse und Kräutern
150 g Langkornreis, wie im Grundrezept (2. Art) auf Seite 93 beschrieben, zubereiten. 150 g dünn geschnittenen Emmentaler erst der Länge nach in drei Teile, dann quer in feine Streifen schneiden. 1 Bund gemischte Frühlingskräuter fein hacken. 2 geschälte Schalotten in kleine Würfel schneiden. Alle Zutaten vermischen und mit einer Marinade aus 3 EL Crème fraîche, 2 EL Zitronensaft, 1 EL Estragonessig, 1 TL Kräutersenf, Salz, frisch gemahlenem Pfeffer und 2 EL kaltgepreßtem Olivenöl marinieren. 2 hartgekochte Eier schälen, vierteln und locker unter den Salat mischen. Mit halbierten Cocktailtomaten und Kerbelblättchen bestreut servieren.

BULGURSALAT AUF AFRIKANISCHE ART

Bulgur ist mehr oder weniger geschälter, vorgekochter und wieder getrockneter Weizenschrot. Er wird entweder eingeweicht, wie in diesem Rezept, oder kurz vorgekocht weiterverarbeitet. Dieser aus Togu stammende, köstliche Salat zählt zu den erfrischendsten Gerichten an heißen Sommertagen. Gut gekühlt und mit viel Zitronensaft serviert, überzeugt er selbst Gegner der »Körnerkost«.

Für 4 Personen
Zubereitungszeit: 30 Minuten
Marinierzeit: 2 Stunden

- 4 Fleischtomaten
- 4 EL Bulgur
- 2 Bund Petersilie
- 1/2 Bund Pfefferminze
- 2 Zwiebeln
- Salz
- frisch gemahlener Pfeffer
- Saft von 2 Zitronen
- 4 EL Olivenöl, kaltgepreßt
- einige Kopfsalatblätter

1. Tomaten waschen, halbieren, Stengelansätze und Kerne entfernen. Die Tomatenhälften in kleine Würfel schneiden. Mit dem Bulgur vermischen und für 1 1/2 Stunden zugedeckt in den Kühlschrank stellen.

2. Petersilie und Minze fein hacken. Die Zwiebeln schälen und in kleine Würfel schneiden. Kräuter und Zwiebel vermischen und zugedeckt kalt stellen.

3. Beide Mischungen miteinander vermengen und mit Salz, Pfeffer, Zitronensaft und dem Öl marinieren. Den Salat erneut 30 Minuten kalt stellen.

4. Auf den gewaschenen Salatblättern anrichten und gut gekühlt servieren.

Pro Person:
Kalorien (kcal) 195
Eiweiß (g) 5
Fett (g) 11
Kohlenhydrate (g) 18

- Bulgur gibt es im Reformhaus oder in griechischen und türkischen Lebensmittelgeschäften.
- Knoblauchfans geben zu der Zwiebel-Kräuter-Mischung noch 1 bis 2 zerdrückte Knoblauchzehen hinzu.
- Soll dieser bißfeste Salat etwas weicher sein, gibt man den Bulgur in kochendes Wasser, läßt ihn einmal aufkochen und 5 Minuten ausquellen.

QUINOA-SALAT

GRÜNKERNSALAT

Quinoa, eine Getreideart aus den Anden, bereichert neuerdings das Angebot auf dem Markt. Die hirseähnlichen, gelb-weißen Körnchen strotzen nur so vor Nährstoffen. Beachtlich ist der hohe Eiweißgehalt.

Für 4 Personen
Zubereitungszeit: 40 Minuten

150 g Quinoa
400 ml Wasser, Salz
200 g kleine Zuckerschoten
200 g ausgepalte Erbsen
1 Bund Frühlingszwiebeln
Für die Vinaigrette:
2 bis 3 EL Weißweinessig
1/2 TL Kräutersenf
Salz
frisch gemahlener Pfeffer
5 EL Olivenöl, kaltgepreßt
1 Kästchen Gartenkresse

1. Quinoa in dem Salzwasser 15 bis 20 Minuten kochen.
2. Von den Zuckerschoten die Enden abknipsen. Mit den Erbsen in kochendem Salzwassr wenige Minuten blanchieren, dann abschrecken. Frühlingszwiebeln putzen und in Scheiben schneiden.
3. Alles vermischen, mit der Vinaigrette marinieren und der Kresse garnieren.

Pro Person:
Kalorien (kcal) 260
Eiweiß (g) 12
Fett (g) 15
Kohlenhydrate (g) 18

Grünkern ist unreifer und deswegen grüner Dinkel. Er wird vor der endgültigen Reife geerntet, wenn der Kern noch cremig-weich ist. Durch das Rösten über Holzkohlenfeuer bei 120° C erhält die älteste Weizensorte ihr kräftiges und pikantes Aroma.

Für 4 Personen
Zubereitungszeit: 45 Minuten
Marinierzeit: 2 Stunden

150 g Grünkern
1/2 l Gemüsebrühe
500 g Tomaten
500 g gekochte grüne Bohnen
1 Zwiebel
Für die Vinaigrette:
3 bis 4 EL Zitronensaft
Kräutersalz
frisch gemahlener Pfeffer
3 EL Distelöl, kaltgepreßt
2 EL frisch gehackte Kräuter

1. Grünkern in die heiße Brühe geben, zugedeckt 20 Minuten bei mittlerer Hitze garen. Dann 15 Minuten bei abgeschalteter Kochplatte ausquellen lassen.
2. Tomaten in Achtel, die Bohnen in Stücke und die Zwiebel in Ringe schneiden.
3. Den abgekühlten Grünkern mit dem Gemüse vermischen und mit der Vinaigrette marinieren.

Pro Person:
Kalorien (kcal) 270
Eiweiß (g) 9
Fett (g) 9
Kohlenhydrate (g) 36

Salate mit Fleisch, Wild und Geflügel

Angereichert mit feiner Putenbrust, zartem Rehfilet oder geräucherter Hähnchenbrust – Salate sind auch für Hauptgerichte gut!

RINDFLEISCHSALAT AUF FERNÖSTLICHE ART

Ob es nun am Vortag eine Suppe gab und das Rindfleisch übrig blieb oder einen Rinderschmorbraten, der nicht aufgegessen wurde – im Handumdrehen läßt sich aus dem restlichen Fleisch ein raffinierter Salat zubereiten.

Für 4 Personen
Zubereitungszeit: 25 Minuten
Marinierzeit: 1 Stunde

- 300 g mageres gegartes Rindfleisch
- 4 Selleriestangen
- 1 Bund Frühlingszwiebeln
- 2 große Möhren
- 1 Handvoll Sojabohnenkeimlinge

Für die Vinaigrette:

- 1 Knoblauchzehe
- 1 rote Chilischote
- 1 TL frisch geriebene Ingwerwurzel
- 1 EL helle Sojasauce
- 2 EL Reiswein
- 1 EL Aceto Balsamico
- 2 bis 3 EL Weißweinessig
- Salz
- frisch gemahlener Pfeffer
- 4 bis 5 EL Fleischbrühe
- 4 EL Erdnußöl

Außerdem:

- etwas feingeschnittenes Zitronengras (ersatzweise abgeriebene Zitronenschale)
- 1 EL gehacktes Koriandergrün (Cilantro)

1. Das Rindfleisch in sehr feine Streifen schneiden.
2. Selleriestangen waschen und in Scheiben schneiden. Von den Frühlingszwiebeln die Wurzeln und das grüne Ende entfernen.
3. Möhren putzen, mit dem Ziselierhaken des Orangenschälers der Länge nach feine Streifen abziehen und wie die Zwiebeln in hauchdünne Scheiben schneiden.
4. Die Sojabohnenkeimlinge kurz blanchieren, dann mit dem Gemüse zum Rindfleisch geben.
5. Für die Vinaigrette die Knoblauchzehe schälen und durch eine Presse drücken. Die Chilischote fein hacken und beides mit dem Ingwer vermischen. Unter Rühren Sojasauce, Reiswein, Essig, Salz und Pfeffer sowie die Brühe und das Öl hinzufügen.
6. Die Vinaigrette über die Salatzutaten gießen. Zitronengras und Cilantro darüberstreuen und gründlich miteinander vermengen. Mindestens 1 Stunde durchziehen lassen.

Pro Person:
Kalorien (kcal) 255
Eiweiß (g) 18
Fett (g) 16
Kohlenhydrate (g) 6

- Zitronengras ist ein schilfähnliches Gewächs mit einem stark ausgeprägten Zitronenduft und -geschmack. Nur der untere weiche Teil des Grases wird roh verwendet. Die Grashalme können mitgekocht werden.
- Mungobohnenkeimlinge können ohne Blanchieren verwendet werden.
- Diese und die folgenden Rezeptvariationen kann man auch aus kaltem Kalbsbraten zubereiten.

Fleisch schneiden
Das gut abgekühlte Fleisch quer zur Faser in dünne Scheiben schneiden. Falls nötig, einmal längs in der Mitte durchschneiden und erst dann quer in feine Streifen schneiden.

Gemüse vorbereiten
Die Selleriestangen waschen. Von den Frühlingszwiebeln die Wurzeln und das hintere Ende entfernen. Möhren waschen und schälen. Die Sojabohnenkeimlinge wenige Sekunden in dem kochenden Salzwasser blanchieren.

Gemüse kleinschneiden
Selleriestangen, Frühlingszwiebeln und die ziselierten Möhren in sehr feine Scheiben schneiden. Mit einem Gurkenhobel geht es besonders rasch und die Scheiben werden hauchdünn.

Vinaigrette herstellen
Knoblauchzehe durch eine Presse drücken. Chilischote fein hacken und beides mit dem Ingwer vermischen. Nach und nach unter Rühren Sojasauce, Reiswein, Essig, Salz und Pfeffer sowie Brühe und Öl hinzufügen.

Salat marinieren
Fleischstreifen und Gemüsescheiben in eine Schüssel geben, mit der Vinaigrette übergießen. Zum Schluß das feingeschnittene Zitronengras (oder die Zitronenschale) und das gehackte Cilantro dazugeben und alles gründlich vermischen.

MEXIKANISCHER FLEISCHSALAT

Für 4 Personen
Zubereitungszeit: 20 Minuten
Marinierzeit: 1 Stunde

300 g gegartes Rindfleisch
1 Zwiebel
1 Knoblauchzehe
1 Chilischote
375 g gekochte Kidney-Bohnen
100 g gekochte Maiskörner
Für die Vinaigrette:
1 EL Ketchup
1 TL scharfer Senf
Salz, frisch gemahlener Pfeffer
4 EL Rotweinessig
4 EL Olivenöl, kaltgepreßt
Außerdem:
1 Bund Schnittlauch

1. Das Fleisch in feine Streifen, die geschälte Zwiebel in kleine Würfel schneiden.
2. Knoblauchzehe und Chilischote fein hacken. Bohnen unter kaltem Wasser kurz abbrausen und mit den Maiskörnern zu den übrigen Salatzutaten geben.
3. Aus den angegebenen Zutaten eine Vinaigrette herstellen und den Salat damit marinieren. Durchziehen lassen und mit feingeschnittenem Schnittlauch bestreut servieren.

Pro Person:
Kalorien (kcal) 520
Eiweiß (g) 37
Fett (g)17
Kohlenhydrate (g) 50

ITALIENISCHER FLEISCHSALAT

Für 4 Personen
Zubereitungszeit: 25 Minuten

300 g gegartes Rind- oder Kalbfleisch
4 Tomaten
2 kleine Zucchini
2 Selleriestangen
1 Knoblauchzehe
Für die Vinaigrette:
Salz
frisch gemahlener Pfeffer
1 EL Aceto Balsamico
2 bis 3 EL Weißweinessig
4 EL trockener Weißwein
5 EL Olivenöl, kaltgepreßt
Außerdem:
1 Bund Rucola

1. Das Fleisch in feine Streifen schneiden. Gemüse waschen. Tomaten halbieren, entkernen und wie die Zucchini und die Selleriestangen in Würfel schneiden. Die Knoblauchzehe fein hacken.
2. Aus den angegebenen Zutaten eine Vinaigrette zubereiten.
3. Alle Zutaten in einer Schüssel mit der Vinaigrette vermischen. Kurz durchziehen lassen.
4. Rucola waschen, in Streifen schneiden und kurz vor dem Servieren unter den Salat mischen.

Pro Person:
Kalorien (kcal) 290
Eiweiß (g) 19
Fett (g) 18
Kohlenhydrate (g) 7

SPANISCHER FLEISCHSALAT

Für 4 Personen
Zubereitungszeit: 25 Minuten

300 g gegartes Rind- oder Kalbfleisch
je 1 rote und gelbe Paprikaschote
1 Gemüsezwiebel
1 Mini-Salatgurke
50 g schwarze Oliven
Für die Vinaigrette:
3 EL Orangensaft
3 EL Sherry-Essig
Salz
frisch gemahlener Pfeffer
5 EL Olivenöl, kaltgepreßt
Außerdem:
1 EL gehackte Petersilie

1. Das Fleisch in feine Streifen schneiden. Paprikaschoten vierteln, putzen, die Viertel in feine Streifen schneiden.
2. Die geschälte Zwiebel in feine Ringe schneiden. Die Gurke schälen und in Scheiben schneiden. Oliven halbieren und entkernen.
3. Die angegebenen Zutaten zu einer Vinaigrette verrühren.
4. Alle Zutaten mit der Vinaigrette vermischen. Kurz durchziehen lassen und mit der Petersilie bestreuen.

Pro Person:
Kalorien (kcal) 285
Eiweiß (g) 17
Fett (g) 20
Kohlenhydrate (g) 6

NORDDEUTSCHER FLEISCHSALAT

Für 4 Personen
Zubereitungszeit: 25 Minuten

300 g gegartes Rind- oder Kalbfleisch
1 kleine Salatgurke
2 säuerliche Äpfel
2 gekochte Kartoffeln
1 Zwiebel
Für die Vinaigrette:
1 TL feinwürziger Senf
Salz
frisch gemahlener Pfeffer
3 bis 4 EL Obstessig
5 EL Fleischbrühe
4 EL Keimöl
Außerdem:
1 Bund Schnittlauch

1. Das Fleisch in feine Streifen schneiden. Salatgurke, Äpfel, Kartoffeln und die Zwiebel schälen. Die Äpfel halbieren und entkernen und wie die Kartoffeln und die Gurke in 1 cm große Würfel schneiden. Die Zwiebel in kleine Würfel schneiden. Die Salatzutaten vermischen.
2. Aus den angegebenen Zutaten eine Vinaigrette herstellen und den Salat damit marinieren. Kurz durchziehen lassen und mit feingeschnittenem Schnittlauch bestreut servieren.

Pro Person:
Kalorien (kcal) 325
Eiweiß (g) 18
Fett (g) 16
Kohlenhydrate (g) 23

WILDSALAT MIT BIRNEN UND PINIENKERNEN

Vorspeisen besonderer Art sind diese beiden Salate mit frisch gebratenem Wildfleisch. Am besten eignen sich dafür Hasen- oder Rehfilets, aber auch zarte Steaks aus Hirsch- oder Rehfleisch schmecken köstlich. Das Geheimnis des feinen Wildgeschmacks liegt im richtigen Braten: Das Fleisch muß durchgegart, aber dennoch saftig sein!

Für 4 Personen
Zubereitungszeit: 50 Minuten

- 300 g Hasenfilets
- Salz
- frisch gemahlener Pfeffer
- 4 EL Keimöl
- 4 EL Wildfond
- 2 nicht zu weiche Birnen
- 2 cl Portwein
- 50 g Pinienkerne
- 100 g Knollensellerie
- 100 g Feldsalat

Für die Vinaigrette:

- 1 EL Aceto Balsamico
- 2 EL Rotweinessig
- Salz
- frisch gemahlener Pfeffer
- 3 EL Keimöl
- 2 EL Walnußöl

1. Das Hasenfilet waschen, trockentupfen, salzen und pfeffern und in 2 EL heißem Öl von allen Seiten je nach Dicke der Filets 3 bis 5 Minuten scharf anbraten. Aus der Pfanne nehmen, in Alufolie einwickeln und ruhen lassen. Den Bratensatz mit Wildfond ablöschen und in eine kleine Schüssel gießen.
2. Birnen schälen, halbieren und entkernen. Die Hälften der Länge nach in schmale Spalten schneiden. Das restliche Öl in der Pfanne erhitzen und die Birnenspalten darin vorsichtig anbraten. Mit dem Portwein begießen, kurz aufkochen lassen und von der Kochstelle nehmen.
3. In einer zweiten Pfanne die Pinienkerne ohne Fettzugabe goldbraun rösten.
4. Sellerie schälen und erst in hauchdünne Scheiben, dann in feine Streifen schneiden. Feldsalat sorgfältig putzen, waschen und gut abtropfen lassen. Eine tiefe Platte oder 4 Teller damit auslegen.
5. Aus den angegebenen Zutaten eine Vinaigrette herstellen und den Bratenfond untermischen.
6. Das Hasenfilet schräg in dünne Scheiben schneiden und mit den Birnen auf dem Feldsalat anrichten. Mit Selleriestreifen und Pinienkernen bestreuen und mit der Vinaigrette beträufeln.

Pro Person:
Kalorien (kcal) 405
Eiweiß (g) 18
Fett (g) 30
Kohlenhydrate (g) 10

WILDSALAT MIT PILZEN UND CRANBERRIES

Die aus Nordamerika stammenden Cranberries sind Verwandte der bei uns wildwachsenden Preiselbeeren. Sie sind etwa doppelt so groß wie diese und besitzen eine rötliche Farbe, die manchmal schon ins Schwarze übergeht. Wie die Preiselbeeren haben sie einen angenehm säuerlichen Geschmack. Sie bleiben im Kühlschrank bis zu 2 Wochen frisch und eignen sich außerdem zum Einfrieren. Bei uns werden sie von Herbst bis Weihnachten auf dem Markt angeboten.

Für 4 Personen
Zubereitungszeit: 50 Minuten

- 150 g Cranberries
- 1/6 l Rotwein
- Schale von 1/2 unbehandelten Orange
- 1 EL Zucker
- 300 g Reh- oder Hirschsteaks
- Salz
- frisch gemahlener Pfeffer
- 150 g Pfifferlinge oder Steinpilze
- 6 EL Keimöl
- 2 EL gehackte Petersilie
- 2 säuerliche Äpfel
- 3 EL Calvados
- einige Blätter Lollo rosso

Für die Vinaigrette:

- 3 EL Rotweinessig
- Salz
- frisch gemahlener Pfeffer
- 4 EL Keimöl

1. Cranberries waschen und mit Rotwein, Orangenschale und Zucker einmal aufkochen lassen. Von der Kochstelle nehmen und abkühlen lassen.
2. Die Reh- oder Hirschsteaks waschen, trockentupfen und mit Salz und Pfeffer einreiben. Die Pilze putzen und je nach Größe halbieren oder vierteln.
3. 3 EL Öl in einer Pfanne erhitzen und die Steaks darin je nach Dicke 4 bis 6 Minuten braten. Herausnehmen und mit Alufolie umhüllt ruhen lassen. 1 EL Öl in das Bratfett geben und die Pilze darin kurz anbraten. Mit Petersilie bestreuen und beiseite stellen.
4. Äpfel schälen, mit einem Kernausstecher die Kerngehäuse entfernen und die Äpfel in 1 cm dicke Scheiben schneiden. Das restliche Öl erhitzen und die Apfelscheiben von beiden Seiten anbraten. Mit 2 EL Calvados ablöschen und einkochen lassen.
5. Salatblätter waschen und gut abgetropft auf einer tiefen Platte oder 4 Tellern verteilen.
6. Aus den angegebenen Zutaten eine Vinaigrette herstellen und etwas Kochsud der Cranberries sowie den restlichen Calvados hinzufügen.
7. Das Wildfleisch in dünne Scheiben schneiden und mit den Pilzen, den Apfelringen und den abgetropften Cranberries auf den Salatblättern anrichten. Mit der Vinaigrette beträufeln.

Pro Person:
Kalorien (kcal) 360
Eiweiß (g) 18
Fett (g) 21
Kohlenhydrate (g) 17

SALATTELLER MIT TEE-GERÄUCHERTER ENTENBRUST

Für das Räuchern mit Tee ist kein spezielles Räuchergerät nötig, ein Wok reicht völlig aus. Zum Räuchern eignen sich die verschiedensten Teesorten, wie z. B. Darjeeling, Assam oder ein parfümierter Tee. Aber auch der Rauch getrockneter Kräuter verfeinert das zarte Geflügelfleisch. Das Räuchern mit Tee geht auf eine Idee von André Jaeger vom Restaurant Fischerzunft am Bodensee zurück.

Für 4 Personen
Zubereitungszeit: 1 Stunde
Marinierzeit: 24 Stunden

2 Entenbrüste (je 250 g)
6 g Pökelsalz
2 TL Teeblätter
2 EL Keimöl
2 EL Hoi-sin-Sauce
80 g rote Linsen
Salz
1 Handvoll gemischte Salatblätter (z. B. Frisée-, Kopf-, Feldsalat, Radicchio)
100 g Cocktailtomaten

Für die Vinaigrette:
1 EL Sojasauce
2 EL Aceto Balsamico
Salz
frisch gemahlener Pfeffer
4 EL Olivenöl, kaltgepreßt

1. Die Entenbrüste mit Pökelsalz einreiben und über Nacht marinieren.
2. Am nächsten Tag die Teeblätter in den Wok streuen. Ein Gitter darübergeben und die Entenbrüste darauflegen. Mit einem passenden Deckel verschließen. Erhitzen, bis sich die Teeblätter entzünden und sich Rauch entwickelt. Hitze reduzieren und die Entenbrüste 10 bis 20 Minuten räuchern.
3. Herausnehmen und die Haut rautenförmig einschneiden. Das Öl in einer Pfanne erhitzen und die Brüste auf der Hautseite 5 Minuten bei starker Hitze anbraten. Wenden und die zweite Seite bei mittlerer Hitze 10 Minuten braten. Die Haut mit Hoi-sin-Sauce bestreichen. 10 Minuten ruhen lassen.
4. Die Linsen in kochendem Salzwasser einige Minuten garen und auf einem Sieb abtropfen lassen.
5. Die Salatblätter waschen und trockentupfen, die Cocktailtomaten halbieren. Die Salatblätter auf einer Platte verteilen, Linsen und Cocktailtomaten darübergeben. Aus den angegebenen Zutaten eine Vinaigrette zubereiten und darüberträufeln.
6. Die Entenbrüste in dünne Scheiben schneiden und auf dem Salat anrichten.

Entenbrüste pökeln
Entenbrüste rundherum mit Pökelsalz einreiben. Nicht zuviel verwenden, da sonst das Fleisch zu salzig wird. Die Brüste zugedeckt 24 Stunden kühl stellen.

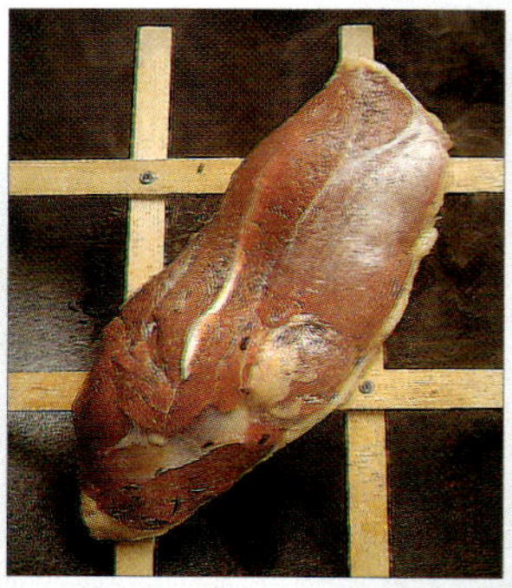

Entenbrüste räuchern
Tee im Wok erhitzen, bis sich Rauch entwickelt. Die Hitze reduzieren, die Brüste auf das Gitter legen und zugedeckt je nach gewünschter Intensität 10 bis 20 Minuten räuchern.

Entenbrüste braten
Haut rautenförmig einschneiden und im heißen Öl erst auf der Hautseite 5 Minuten anbraten, dann wenden, und bei reduzierter Hitze 10 bis 15 Minuten fertigbraten. Ruhen lassen!

Pro Person:
Kalorien (kcal) 430
Eiweiß (g) 25
Fett (g) 32
Kohlenhydrate (g) 4

TEEGERÄUCHERTE HÄHNCHEN-FILETS AUF PILZSALAT

Für 4 Personen
Zubereitungszeit: 40 Minuten
Marinierzeit: 24 Stunden

2 Hähnchenbrustfilets (je 150 g)
5 g Pökelsalz, 2 TL Teeblätter
250 g Shiitake-Pilze
4 EL Keimöl, 2 TL Hoi-sin-Sauce
1 EL gehacktes Koriandergrün
100 g Mungosprossen
1 Handvoll junge Spinatblätter
einige Radicchioblätter
Für die Vinaigrette:
1 EL Sojasauce
1 bis 2 EL Sherryessig
Salz, frisch gemahlener Pfeffer
4 EL Erdnußöl

1. Hähnchenfilets, wie im Grundrezept (Seite 107) beschrieben, vorbereiten und 10 Minuten räuchern.
2. Pilze putzen und in Scheiben schneiden. Filets in 2 EL heißem Öl 6 bis 8 Minuten anbraten. Aus der Pfanne nehmen, mit Hoi-sin-Sauce bestreichen und ruhen lassen.
3. Restliches Öl erhitzen und die Pilze darin kurz anbraten. Abkühlen lassen, Koriandergrün daruntermischen.
4. Pilze mit Mungosprossen, Spinatblättern und zerkleinerten Radicchioblättern vermischen, mit der Vinaigrette marinieren.
5. Filets in Scheiben schneiden und auf dem Salat anrichten.

Pro Person:
Kalorien (kcal) 205
Eiweiß (g) 11
Fett (g) 17
Kohlenhydrate (g) 0

KRÄUTERGERÄUCHERTE PUTEN-BRUST AUF FELDSALAT

Für 4 Personen
Zubereitungszeit: 45 Minuten
Marinierzeit: 24 Stunden

300 g Putenbrust
5 g Pökelsalz
2 TL provenzalische Kräuter
2 EL Keimöl
100 g Feldsalat
2 Schalotten, 2 große Möhren
50 g schwarze Oliven
Für die Vinaigrette:
1 feingehackte Knoblauchzehe
1 TL Dijon-Senf
3 EL Weißweinessig
Salz, frisch gemahlener Pfeffer
5 EL Olivenöl, kaltgepreßt

1. Putenbrust, wie im Grundrezept (Seite 107) beschrieben, vorbereiten und mit den Kräutern räuchern.
2. In heißem Öl rundherum 8 bis 10 Minuten anbraten. Ruhen lassen.
3. Feldsalat putzen, gründlich waschen und gut abtropfen lassen. Schalotten schälen und in Würfel schneiden. Die Möhren schälen und in Streifen schneiden. Oliven entkernen. Alle Zutaten für die Vinaigrette verrühren. Mit dem Salat gut vermischen und auf 4 Teller verteilen.
4. Mit der in dünne Scheiben geschnittenen Putenbrust belegen.

Pro Person:
Kalorien (kcal) 295
Eiweiß (g) 17
Fett (g) 22
Kohlenhydrate (g) 5

PUTENBRUSTSALAT MIT LAUCH, ORANGEN UND PISTAZIEN

Die Frische der Pistazie erkennt man an ihrer hellgrünen Farbe, die sich unter dem Samenhäutchen verbirgt. Zusammen mit Lauch und Orangen entsteht daraus, dank der enthaltenen Nährstoffe, der ideale Wintersalat.

Für 4 Personen
Zubereitungszeit: 35 Minuten

1 Lauchstange
Salz
1 kleine Fenchelknolle (mit Grün)
2 Orangen
200 g geräucherte Putenbrust, in Scheiben geschnitten

Für die Salatsauce:
2 EL Crème fraîche
100 g Vollmilchjoghurt
Saft von 1 Zitrone
Salz
frisch gemahlener Pfeffer

Außerdem:
1 unbehandelte Orange
50 g gehackte Pistazien

1. Von der Lauchstange die Wurzeln und das grüne Ende entfernen. Den Lauch in feine Ringe schneiden und in kaltem Wasser rasch, aber gründlich waschen. In wenig kochendem Salzwasser kurz blanchieren. Auf ein Sieb schütten und gut abtropfen lassen.
2. Vom Fenchel das Grün abtrennen und fein hacken. Die Fenchelknolle halbieren und der Länge nach in feine Streifen schneiden.
3. Die Orangen schälen, dabei die weiße Haut völlig entfernen; dann filetieren. Den dabei austretenden Saft auffangen.
4. Die Putenbrustscheiben einmal der Länge nach teilen, dann quer in feine Streifen schneiden. Mit den übrigen vorbereiteten Salatzutaten in einer Schüssel vermischen.
5. Für die Salatsauce Crème fraîche und Joghurt miteinander verrühren und nach und nach Zitronensaft, Salz und Pfeffer hinzufügen. Den Salat mit der Sauce vermengen und kurz durchziehen lassen.
6. Für die Garnitur mit einem Juliennereißer dünne Streifen von der Orangenschale abziehen und mit den gehackten Pistazien und dem feingewiegten Fenchelgrün über den Salat streuen.

Pro Person:
Kalorien (kcal) 250
Eiweiß (g) 17
Fett (g) 12
Kohlenhydrate (g) 15

GEHACKTE ENTE »DUAN«

Ein original thailändisches Rezept, das Freunde asiatischer Köstlichkeiten unbedingt probieren sollten.

Für 4 Personen
Zubereitungszeit: 30 Minuten

2 gebratene Entenbrüste (je 250 g) oder Reste von gebratenem Entenfleisch
2 EL roher Duftreis
1 getrocknete Chilischote
2 Schalotten
2 Zitronengrasstengel
2 Frühlingszwiebeln
2 frische Chilischoten
1 Bund Koriandergrün (Cilantro)
Saft von 2 Limetten
1 bis 2 EL Fischsauce
Salz
frisch gemahlener Pfeffer
Außerdem:
einige Kopfsalatblätter oder Gurkenscheiben

1. Vom Entenfleisch die Haut ablösen und das Fleisch noch einmal für ca. 10 Minuten unter den vorgeheizten Grill legen.
2. Duftreis mit der zerbröselten getrockneten Chilischote in einer Pfanne ohne Fett goldbraun rösten. In einer Küchenmaschine oder im Mörser zerkleinern.
3. Schalotten schälen, vom Zitronengras das harte Ende entfernen. Frühlingszwiebeln putzen, Chilischoten halbieren und die Samen entfernen. Alles in feine Ringe schneiden, die Korianderblätter grob hacken.
4. Entenfleisch in der Küchenmaschine fein hacken und mit dem Reis und den übrigen vorbereiteten Zutaten vermischen. Mit Limettensaft, Fischsauce, Salz und Pfeffer würzig abschmecken.
5. Zum Servieren den Entensalat in Kopfsalatblätter füllen und damit umhüllen, auf Gurkenscheiben anrichten oder in ein Schälchen füllen.

Pro Person:
Kalorien (kcal) 265
Eiweiß (g) 20
Fett (g) 16
Kohlenhydrate (g) 7

• Der Salat schmeckt frisch zubereitet am besten.
• Den Salat auf keinen Fall zu kalt servieren, da sonst das Entenfett erstarrt und das feine Aroma darunter leidet.

BADISCHER WURSTSALAT

In keinem anderen Land der Welt spielt die Wurst eine so wichtige Rolle wie in Deutschland. Der Wurstsalat darf auf keiner Speisekarte eines gutbürgerlichen Restaurants fehlen. In Baden versteht man es allerdings ganz besonders, aus den einfachsten Produkten der heimischen Umgebung wohlschmeckende Regionalgerichte zu zaubern. Auf dieser und den folgenden Seiten finden Sie einen Querschnitt der beliebtesten Wurstsalat-Kreationen.

Für 4 Personen
Zubereitungszeit: 30 Minuten
Marinierzeit: 1 Stunde

400 g Fleischwurst oder Kalbfleischwurst
200 g Emmentaler Käse
2 große Essiggurken
1 Zwiebel
1 Knoblauchzehe

Für die Vinaigrette:

1 TL feinwürziger Senf
Salz
frisch gemahlener Pfeffer
1 Msp Zucker
3 bis 4 EL Weißweinessig
4 EL Gurken-Einlegflüssigkeit
4 EL Kalbsfond oder trockener Weißwein
5 EL Traubenkernöl

Außerdem:

1 Bund Schnittlauch

1. Von der Fleischwurst die Haut abziehen und die Wurst erst der Länge nach in sehr dünne Scheiben, dann quer in feine Streifen schneiden. Die Kalbfleischwurst am besten gleich beim Metzger dünn aufschneiden lassen.
2. Den in dünne Scheiben geschnittenen Emmentaler, je nach Größe der Scheiben, ein oder zweimal der Länge nach durchschneiden. Dann quer in feine Streifen schneiden.
3. Die Essiggurken ebenfalls erst der Länge nach in feine Scheiben, dann quer in schmale Streifen schneiden.
4. Zwiebel schälen, halbieren und in kleine Würfel schneiden. Knoblauchzehe halbieren und die Salatschüssel damit ausreiben. Die vorbereiteten Zutaten hineingeben.
5. Für die Vinaigrette Senf mit Salz, Pfeffer, Zucker und Essig so lange verrühren, bis sich Salz und Zucker aufgelöst haben. Unter weiterem Rühren die Gurkenflüssigkeit, Kalbsfond oder Wein und das Öl dazugießen.
6. Den Salat mit der Vinaigrette vermischen und durchziehen lassen. Vor dem Servieren mit feingeschnittenem Schnittlauch bestreuen.

Pro Person:
Kalorien (kcal) 640
Eiweiß (g) 28
Fett (g) 55
Kohlenhydrate (g) 1

Die Zutaten müssen unbedingt sehr fein geschnitten werden, damit sich der Geschmack voll entfalten kann.

Wurst schneiden
Die Fleischwurst häuten und erst der Länge nach in sehr dünne Scheiben, dann quer in feine Streifen schneiden. Kalbfleischwurst beim Metzger dünn aufschneiden lassen, dann in etwa 4 cm lange feine Streifen schneiden.

Käse und Gurke schneiden
Den in dünne Scheiben geschnittenen Emmentaler der Länge nach so durchschneiden, daß etwa 4 cm breite Streifen entstehen und diese quer in feine Streifen schneiden. Die Gurken längs in dünne Scheiben, dann quer in feine Streifen schneiden.

Zwiebeln in Würfel schneiden
Die Zwiebel schälen, halbieren und erst in dünne Scheiben, dann quer in winzig kleine Würfel schneiden. Die Knoblauchzehe halbieren und mit den Schnittflächen die Salatschüssel ausreiben. Die vorbereiteten Zutaten hineingeben.

Vinaigrette zubereiten
Senf mit Salz, Pfeffer, Zucker und Essig in eine Schüssel geben und mit dem Schneebesen so lange rühren, bis sich Salz und Zucker aufgelöst haben. Unter weiterem Rühren die Gurkenflüssigkeit, Fond oder Wein und das Öl dazugießen.

Salat marinieren
Die Salatsauce über den vorbereiteten Zutaten verteilen und mit einem Salatbesteck gründlich vermischen. Mindestens 1 Stunde durchziehen lassen. Noch einmal abschmecken und mit feingeschnittenem Schnittlauch bestreut servieren.

WURSTSALATE

Serviert mit Bauernbrot, knusprigen Brötchen, Brezen und einem kühlen Bier – so ist besonders im Sommer jeder Wurstsalat ein Genuß!

Für 4 Personen
Zubereitungszeit:
20 bis 30 Minuten
Marinierzeit: mind. 1 Stunde

1. Regensburger Wurstsalat
6 bis 8 Regensburger Würste häuten und in dünne Scheiben schneiden. Auf einem großen Teller kreisförmig anordnen. 2 Zwiebeln schälen, auf dem Gurkenhobel in feine Ringe schneiden und über den Wurstscheiben verteilen. Mit einer Vinaigrette aus 3 EL Weißweinessig, Salz, Pfeffer und 4 EL Keimöl anmachen. Mit reichlich feingeschnittenem Schnittlauch bestreuen.

2. Saurer Preßsack auf bayerische Art
250 g weißen und 250 g roten Preßsack beim Metzger in dünne Scheiben schneiden lassen. Entweder als ganze Scheiben oder in breite Streifen oder Würfel geschnitten auf einer tiefen Platte anordnen. 3 Zwiebeln schälen, in kleine Würfel schneiden und über dem Preßsack verteilen. Mit einer Vinaigrette aus 1 TL Senf, Salz, Pfeffer, 1 Prise Zucker, 3 bis 4 EL Rotweinessig und 4 EL Keimöl anmachen. Mit feingeschnittenem Schnittlauch bestreuen.

3. Bremer Wurstsalat
Von 250 g grünen Bohnen die Enden abknipsen, in mundgerechte Stücke brechen und in wenig Salzwasser in ca. 15 Minuten bißfest kochen. In kaltem Wasser abschrecken und gut abtropfen lassen. 500 g Fleischwurst häuten und erst der Länge nach in Scheiben, dann in nicht zu feine Streifen schneiden. 2 säuerliche Äpfel schälen, halbieren, entkernen und in Würfel schneiden. 1 große Zwiebel schälen, halbieren und längs in schmale Spalten schneiden. Die Zutaten vermischen und mit einer Vinaigrette aus 1 TL feinwürzigem Senf, Salz, Pfeffer, 1 Prise Zucker, 4 EL Obstessig und 5 EL Keimöl marinieren. 1 Bund Dill fein hacken und die Hälfte unter den Salat mischen. Durchziehen lassen, dann mit dem restlichen Dill bestreut servieren.

4. Schlesischer Wurstsalat
500 g Fleischwurst häuten und in Würfel schneiden. Je 200 g eingelegte Kürbisstücke und Senfgurken gut abtropfen lassen und in 1 cm große Würfel schneiden. 2 rote, geschälte Zwiebeln in kleine Würfel schneiden. Alle Zutaten vermischen und mit einer Vinaigrette aus 4 EL Weißweinessig, Salz, Pfeffer, 1/2 TL Zucker, 8 EL Gurken- und Kürbiseinlegflüssigkeit sowie 5 EL Keimöl anmachen. Gut durchziehen lassen, dann mit reichlich frisch gehackter Petersilie bestreuen.

1

2

3

4

5

6

7

8

5. Wurstsalat auf Seemanns Art
400 g Corned beef, 1 gekochte geschälte rote Bete, 1 gekochte, geschälte Kartoffel und 2 Salzgurken in Würfel schneiden. 2 geschälte Zwiebeln fein hacken. Alle Zutaten in einer Schüssel miteinander vermischen und mit einer Vinaigrette aus 1 TL feinwürzigem Senf, 4 EL Weißweinessig, Salz, Pfeffer, 1 Prise Zucker und 5 EL Keimöl anmachen. Wer möchte, mischt noch in kleine Würfel geschnittene Matjesheringe unter den Salat. Nach Belieben mit frisch gehackter Petersilie bestreuen.

6. Frankfurter-Würstchen-Salat
4 Paar Frankfurter Würstchen in Scheiben schneiden. 1 rote Paprika waschen, halbieren und entkernen. Die Hälften in kleine Würfel schneiden. 100 g Tiefkühl-Erbsen in kochendem Salzwasser garen, kalt abschrecken und abtropfen lassen. 1 säuerlichen Apfel schälen, halbieren und in Würfel schneiden. Alles vermischen und 100 g eingelegte Perlzwiebeln dazugeben. Mit einer Salatsauce aus 3 EL Mayonnaise, 3 EL saurer Sahne, 1 TL feinwürzigem Senf, Salz, Pfeffer, Cayennepfeffer und 3 bis 4 EL Weißweinessig anmachen. Zum Schluß 3 EL feingehackte Frühlingskräuter daruntermischen und durchziehen lassen. Mit frisch geriebenem Meerrettich und feingeschnittenem Schnittlauch bestreut servieren.

7. Pikanter Wurstsalat
300 g feine Cervelatwurst und 150 g mittelalten Goudakäse beim Metzger aufschneiden lassen und quer in feine Streifen schneiden. 1 Zwiebel schälen und je 1 rote und grüne Paprikaschote waschen, halbieren und entkernen. Die Paprikahälften sowie die Zwiebel in Würfel schneiden. 1 rote Pfefferschote fein hacken und mit 200 g gekochten Maiskörnern zu den übrigen Zutaten geben. Mit einer Salatsauce aus 3 EL Ketchup, 2 Tropfen Tabasco, Salz, Pfeffer, 3 bis 4 EL Rotweinessig und 5 EL Keimöl anmachen. Durchziehen lassen und mit grob gehackter Petersilie bestreut servieren.

8. Wurstsalat auf »leichte« Art
400 g kalorienreduzierte Wiener Würstchen oder Putenfleischwurst in Scheiben schneiden. 1 Mini-Salatgurke schälen und auf dem Gurkenhobel in Scheiben schneiden. 4 Frühlingszwiebeln putzen und mit einem Teil des Grüns in Ringe schneiden. 4 kleine Tomaten waschen, Stengelansätze entfernen und die Tomaten achteln. Alle Zutaten miteinander vermischen und mit einer Vinaigrette aus 1 TL geriebenem Meerrettich, Salz, Pfeffer, 3 EL Weißweinessig, 1 EL Estragonessig und 3 EL kaltgepreßtem Olivenöl anmachen. Kurz durchziehen lassen und mit reichlich Gartenkresse bestreuen. Etwas kalorienreicher ist der Salat mit hartgekochten, geviertelten Eiern garniert.

FLEISCHSALAT

Wurde früher ein Kalbsbraten nicht aufgegessen, schnitt man die Bratenreste in feine Stücke und verarbeitete sie zu einem schmackhaften Fleischsalat. Heute dient dagegen fast immer Kochwurst als Grundlage, »Wurstsalat« wäre dafür eigentlich die richtigere Bezeichnung.

Für 4 bis 6 Personen
Zubereitungszeit: 20 Minuten

400 g Kalbsbraten, Kalbfleischwurst, Bierschinken, Mortadella oder Fleischwurst, in dünne Scheiben geschnitten
2 große Essiggurken
2 Schalotten
5 EL Gurken-Einlegflüssigkeit
Für die Mayonnaise:
2 Eigelb
1 TL feinwürziger Senf
Salz, frisch gemahlener Pfeffer
1/4 l Keimöl
Saft von 1 Zitrone
2 Spritzer Worcestersauce
Cayennepfeffer
Außerdem:
einige Salatblätter

1. Die Fleisch- oder Wurstscheiben in sehr feine Streifen schneiden. Die Essiggurken erst der Länge nach in dünne Scheiben, dann quer in schmale Streifen schneiden.
2. Schalotten schälen und in kleine Würfel schneiden. Alles in einer Schüssel vermischen und mit Gurken-Einlegflüssigkeit begießen.
3. Eigelb, Senf, Salz und Pfeffer miteinander verrühren und tröpfchenweise das Öl dazugießen. Sobald die Mayonnaise fest wird, mit Zitronensaft, Worcestersauce und Cayennepfeffer würzen.
4. Die Mayonnaise mit den Salatzutaten vermischen und kurz durchziehen lassen. Mit den Salatblättern anrichten.

Pro Person:
Kalorien (kcal) 590
Eiweiß (g) 23
Fett (g) 54
Kohlenhydrate (g) 1

Fleisch oder Wurst schneiden
Kaltes Fleisch am besten mit einer elektrischen Schneidemaschine in Scheiben schneiden; Wurst aufschneiden lassen. Scheiben übereinanderlegen und in Streifen schneiden.

Restliche Zutaten vorbereiten
Essiggurken in feine Streifen schneiden, Schalotten in kleine Würfel schneiden. Alle Zutaten miteinander vermischen. Mit der Gurken-Einlegflüssigkeit begießen.

Mayonnaise herstellen
Eigelb, Salz, Pfeffer und Senf mit einem Schneebesen verrühren und tröpfchenweise das Öl dazugießen. Mit Zitronensaft und Gewürzen abschmecken und unter den Salat mischen.

• Man kann zusätzlich gegarte junge Erbsen unter den Salat mischen.
• Kalorienärmer wird der Salat, wenn man lediglich die Hälfte der Mayonnaise zubereitet und diese dann mit Joghurt oder Sauerrahm verrührt.

FEINER SCHINKENSALAT

Für 4 Personen
Zubereitungszeit: 20 Minuten

- 300 g Kochschinken
- 100 g Emmentaler
- 2 gegarte Möhren
- 200 g gekochter Spargel
- 100 g gegarte Erbsen
- 1 Bund Frühlingskräuter
- 4 EL trockener Weißwein
- Mayonnaise (siehe Grundrezept auf Seite 26/27)
- 1/2 TL Curry

1. Schinken, Käse und Möhren in etwa 1 cm große Würfel schneiden. Spargel in 1 cm dicke Scheiben schneiden und mit den Erbsen und den gehackten Kräutern zu den anderen Zutaten geben. Mit Weißwein begießen.
2. Wie im Grundrezept beschrieben, eine Mayonnaise zubereiten, zum Schluß den Curry darunterrühren.
3. Den Salat mit der Mayonnaise vermischen, kurz durchziehen lassen und noch einmal abschmecken.

Pro Person:
Kalorien (kcal) 920
Eiweiß (g) 28
Fett (g) 83
Kohlenhydrate (g) 7

RINDERZUNGENSALAT

Für 4 Personen
Zubereitungszeit: 25 Minuten

- 2 Selleriestangen
- 1 säuerlicher Apfel
- 100 g Champignons
- 2 bis 3 EL kleine Kapern
- 4 EL Kalbsfond
- Mayonnaise (siehe Grundrezept auf Seite 26/27)
- 1 EL frisch geriebener Meerrettich
- 300 g Rinderzunge, in dünne Scheiben geschnitten
- einige Salatblätter

1. Selleriestangen in feine Scheiben schneiden. Den Apfel schälen, entkernen und in Würfel schneiden. Die Champignons putzen und in dünne Scheiben schneiden.
2. Alle Zutaten mit den Kapern in einer großen Schüssel vermischen und mit dem Fond begießen.
3. Wie im Grundrezept beschrieben, eine Mayonnaise zubereiten. Zum Schluß den Meerrettich dazugeben.
4. Die vorbereiteten Zutaten mit der Mayonnaise vermischen. Mit den Rinderzungenscheiben und Salatblättern auf 4 Tellern anrichten.

Pro Person:
Kalorien (kcal) 815
Eiweiß (g) 15
Fett (g) 78
Kohlenhydrate (g) 6

Salate mit Fisch und Meeresfrüchten

Alle Köstlichkeiten aus dem Wasser, ob frisch, eingelegt oder geräuchert, schmecken würzig mariniert als Salat einfach traumhaft!

EXQUISITER FISCHSALAT

Dieser Fischsalat eignet sich hervorragend als leichte Vorspeise vor einem Fleischgericht, für 2 Personen ist er ein festliches Abendessen. Die Frische eines Fisches ist nicht nur für diesen Salat ein Muß. Frischen Fisch erkennt man am angenehmen Geruch, an den glänzenden Augen und an den feuchten, leuchtenden Kiemen.

Für 4 Personen
Zubereitungszeit: 50 Minuten

4 Seeteufelfilets (je 80 g)
4 ausgelöste Jakobsmuscheln
4 Kaisergranate (Scampi)
1/8 l Weißwein
1 Schalotte
einige Salatblätter
3 EL Olivenöl
100 g Keniabohnen
1 Avocado
Saft von 1/2 Zitrone
50 g Egerlinge
2 Frühlingszwiebeln
8 Cocktailtomaten
100 g gemischte Salatblätter (z. B. Kopf-, Frisée-, Feldsalat, Rucola und Radicchio)
Für die Vinaigrette:
1/2 Knoblauchzehe
1/2 TL feinwürziger Senf
2 bis 3 EL Weißweinessig
3 EL Orangensaft
Salz
frisch gemahlener Pfeffer
5 EL Olivenöl, kaltgepreßt
1 EL Walnußöl
Außerdem:
1/2 Bund Schnittlauch

1. Seeteufelfilets und Jakobsmuscheln waschen und trockentupfen. Kaisergranate schälen und den schwarzen Darm entfernen.
2. Wein und 1/8 l Wasser mit geschälter, kleingeschnittener Schalotte erhitzen. Ein Dampfsieb mit Salatblättern auslegen und die Jakobsmuscheln darauf verteilen. Über dem Dampf ca. 5 Minuten garen.
3. Olivenöl in einer Pfanne erhitzen und die Seeteufelfilets und die Kaisergranate bei mittlerer Hitze etwa 4 Minuten anbraten. Herausnehmen und mit den Jakobsmuscheln warm stellen.
4. Von den Keniabohnen die Enden abknipsen und in kochendem Salzwasser wenige Minuten blanchieren. Sofort in eiskaltem Wasser abschrecken.
5. Die Avocado schälen, halbieren, entkernen und quer in feine Scheiben schneiden. Mit Zitronensaft beträufeln. Egerlinge und Frühlingszwiebeln putzen und in feine Scheiben schneiden.
6. Cocktailtomaten waschen, halbieren und mit den gewaschenen und gut abgetropften Salatblättern auf einer großen Platte oder 4 Tellern anrichten. Mit Bohnen, Avocado, Pilzen, Frühlingszwiebeln und Tomaten belegen und zum Schluß den noch lauwarmen Fisch und die Meeresfrüchte darauf anordnen.
7. Aus den angegebenen Zutaten eine Vinaigrette herstellen und den Salat damit beträufeln. Mit feingeschnittenem Schnittlauch bestreuen.

Pro Person:
Kalorien (kcal) 350
Eiweiß (g) 24
Fett (g) 25
Kohlenhydrate (g) 6

Jakobsmuscheln garen
Das ausgelöste Muschelfleisch mit dem Corail kurz waschen und trockentupfen. Die Flüssigkeit mit den Schalottenwürfeln zum Kochen bringen. Ein Dampfsieb mit Salatblättern auslegen, Muscheln darauflegen und ca. 5 Minuten garen.

Seeteufel und Scampi garen
Seeteufelfilets und Scampis waschen und trockentupfen. Den schwarzen Darm der Scampi entfernen. In einer beschichteten Pfanne das Öl stark erhitzen. Fischfilets und Meeresfrüchte hineingeben. Die Hitze reduzieren und das Gargut rundherum 4 bis 6 Minuten anbraten.

Salatzutaten vorbereiten
Von den Bohnen die Enden abknipsen, in kochendem Salzwasser blanchieren und abschrecken. Die Avocado schälen, halbieren, entkernen und wie die geputzten Pilze und die Frühlingszwiebeln in Scheiben schneiden. Tomaten waschen und halbieren.

Vinaigrette zubereiten
Knoblauchzehe fein hacken oder durch eine Presse drücken. Mit Senf, Essig, Orangensaft, Salz und Pfeffer verrühren, bis sich das Salz aufgelöst hat. Dann das Öl darunterrühren und den Salat damit beträufeln. Mit feingeschnittenem Schnittlauch bestreuen.

Salat anrichten
Die gemischten Salatblätter (der Jahreszeit entsprechend) waschen, gut abtropfen lassen und auf einer tiefen Platte oder 4 Tellern anrichten. Mit Gemüse, lauwarmem Fisch und Meeresfrüchten dekorativ belegen und mit der Vinaigrette beträufeln.

EXOTISCHER FISCHSALAT

Für 4 Personen
Zubereitungszeit: 35 Minuten

600 g Kabeljaufilet
einige Salatblätter
1 vollreife Mango
1 grüne Paprikaschote
1 frische Chilischote
Für die Vinaigrette:
1/2 TL geriebener Ingwer
1/2 TL Curry
Salz, frisch gemahlener Pfeffer
Saft und Schale von 1 Limette
1 TL Aceto Balsamico
4 EL Sojaöl, 4 EL Sahne
Außerdem:
einige Kopfsalatblätter
2 EL geröstete Kokosraspeln

1. Das Fischfilet, wie auf Seite 119 beschrieben, über Dampf 8 bis 10 Minuten garen.
2. Mango schälen, das Fruchtfleisch vom Kern lösen und in Scheiben, die geputzte Paprikaschote in Streifen schneiden. Chilischote kleinschneiden.
3. Aus den angegebenen Zutaten eine Vinaigrette herstellen.
4. Eine tiefe Platte mit Salatblättern auslegen. Kabeljau in mundgerechte Stücke zerteilen. Alle Zutaten darauf verteilen. Mit Vinaigrette begießen und den Kokosraspeln bestreuen.

Pro Person:
Kalorien (kcal) 425
Eiweiß (g) 42
Fett (g) 21
Kohlenhydrate (g) 10

LACHSSALAT MIT BRUNNENKRESSE

Für 4 Personen
Zubereitungszeit: 20 Minuten

4 Scheiben frischer Lachs (je 100 g)
einige Salatblätter
1 Handvoll junge Spinatblätter
einige Salatblätter (Lollo rosso und Frisée)
8 hartgekochte Wachteleier
2 EL Schalottenwürfel
Für die Vinaigrette:
1 TL frisch geriebener Meerrettich
Salz
frisch gemahlener Pfeffer
2 bis 3 EL Weißweinessig
5 EL Olivenöl, kaltgepreßt
Außerdem:
2 EL feingehackter Dill

1. Die Lachsscheiben, wie im Grundrezept auf Seite 119 beschrieben, über Dampf 3 bis 5 Minuten garen.
2. Spinat- und Salatblätter gründlich waschen und gut trockenschleudern. Auf einer Platte oder 4 Tellern auslegen.
3. Den Lachs in mundgerechte Stücke teilen. Die Wachteleier schälen, halbieren und mit den Schalotten und dem Lachs auf der Platte anordnen.
4. Aus den angegebenen Zutaten eine Vinaigrette herstellen, den Salat damit beträufeln und mit Dill bestreuen.

Pro Person:
Kalorien (kcal) 360
Eiweiß (g) 22
Fett (g) 28
Kohlenhydrate (g) 0

SPANISCHER FISCHSALAT

Für 4 Personen
Zubereitungszeit: 25 Minuten

2 Scheiben Schwertfisch
(je ca. 250 g)
je 1 rote und gelbe
Paprikaschote, 1 Zwiebel
50 g schwarze und mit Sardellen gefüllte grüne Oliven
einige Blätter Eissalat
Für die Vinaigrette:
1 feingehackte Sardelle
gebräunte Scheiben von
1 Knoblauchzehe
Saft von je 1 Orange und
Zitrone
Salz, frisch gemahlener Pfeffer
6 EL Olivenöl, kaltgepreßt

1. Schwertfisch, wie auf Seite 119 beschrieben, über Dampf 4 bis 6 Minuten garen.
2. Paprikaschoten waschen, halbieren, entkernen und in Rauten schneiden. Zwiebel schälen und in feine Ringe schneiden, die Oliven halbieren. Den gegarten Fisch etwas abkühlen lassen, in mundgerechte Stücke teilen und mit den übrigen Zutaten auf den Salatblättern anrichten.
3. Aus den angegebenen Zutaten eine Vinaigrette herstellen und den Salat damit beträufeln.

Pro Person:
Kalorien (kcal) 380
Eiweiß (g) 35
Fett (g) 21
Kohlenhydrate (g) 7

LANGOSTINOS AUF CHICORÉE

Für 4 Personen
Zubereitungszeit: 30 Minuten

1/8 l Weißwein, 1 Lorbeerblatt
1 frischer Thymianzweig
Salz, einige Pfefferkörner
1 EL Schalottenwürfel
500 g Langostinos
3 Chicorée
Für die Mayonnaise:
2 EL Orangensaft, Salz
frisch gemahlener Pfeffer
1 Eigelb, 1/8 l Keimöl
1 EL Ketchup, 1 EL Cognac
2 EL Schlagsahne
1 EL gehackte Petersilie

1. Weißwein und 1/4 l Wasser mit Gewürzen und Schalotten zum Kochen bringen. Die Langostinos hineingeben und bei schwacher Hitze etwa 10 Minuten garen.
2. Chicorée waschen und in breite Streifen schneiden, einige Blätter nicht zerkleinern. Auf einer Platte anrichten. Aus den angegebenen Zutaten eine Mayonnaise (siehe Grundrezept Seite 26/27) zubereiten, Sahne und Petersilie darunterziehen.
4. Langostinos aus der Schale brechen und auf dem Chicorée anrichten. Mayonnaise über dem Salat verteilen.

Pro Person:
Kalorien (kcal) 480
Eiweiß (g) 26
Fett (g) 37
Kohlenhydrate (g) 3

MEERESFRÜCHTESALAT

Echte Fischliebhaber bereiten sich diesen Leckerbissen am besten selbst frisch zu! Besonders hübsch sieht der Salat aus, wenn man ihn auf Algen anrichtet (bei gut sortierten Fischhändlern manchmal zu bekommen).

Für 4 Personen
Zubereitungszeit: 45 Minuten

1 Möhre
1 Stück Knollensellerie
1 Lauchstange
4 Jakobsmuscheln (mit Schale), 20 g Butter
Salz, frisch gemahlener Pfeffer
150 g Fischfilet (z. B. Kabeljau oder Rotbarsch)
500 g Miesmuscheln
100 ml trockener Weißwein
150 g Krabben ohne Schale

Für die Salatsauce:
2 EL Zitronensaft
einige Tropfen Worcestersauce
Salz, frisch gemahlener Pfeffer
5 EL Olivenöl, kaltgepreßt
2 Schalotten
2 EL feingehackte Kräuter (z. B. Dill, Petersilie, Estragon, Basilikum)

Außerdem:
evtl. Salicorne-Algen oder einige Salatblätter

1. Möhre und Sellerieknolle schälen, von der Lauchstange die Wurzeln und das grüne Ende entfernen. Das Gemüse in feine Streifen schneiden.
2. Jakobsmuscheln aufbrechen und das Muschelfleisch mit dem Corail auslösen, waschen und trockentupfen. Butter erhitzen, Gemüse darin andünsten, mit Salz und Pfeffer würzen. Muschelfleisch und Fischfilet darauflegen und ca. 5 Minuten garen. Das Fischfilet in mundgerechte Stücke teilen.
3. Die Miesmuscheln unter fließendem Wasser abbürsten. Weißwein erhitzen und die Muscheln darin so lange garen, bis sie sich öffnen.
4. Muschelfleisch herauslösen und zusammen mit den etwas abgekühlten Jakobsmuscheln, dem Fischfilet und den Krabben vermischen. Das Gemüse darüber verteilen.
5. Für die Sauce Zitronensaft, etwas Muschelfond, die Worcestersauce, Salz und Pfeffer so lange verrühren, bis sich das Salz aufgelöst hat. Das Öl tröpfchenweise darunterschlagen. Zum Schluß die in kleine Würfel geschnittenen Schalotten und die Kräuter dazugeben.
6. Die Meeresfrüchte mit der Sauce übergießen und kurz durchziehen lassen. Den Salat entweder auf Algen oder in den Schalen der Jakobsmuscheln anrichten.

Pro Person:
Kalorien (kcal) 310
Eiweiß (g) 27
Fett (g) 19
Kohlenhydrate (g) 4

Je nach Marktangebot und Geschmack kann man den Salat auch mit anderen Fischen oder Meeresfrüchten zubereiten.

MUSCHELSALAT MIT HONIGVINAIGRETTE

KRABBENSALAT AUF AVOCADO

Für 4 Personen
Zubereitungszeit: 30 Minuten

1 kg frische Miesmuscheln
1/8 l Fino-Sherry
Salz
2 kleine Zucchini
1 Bund Frühlingszwiebeln
100 g Mungosprossen
Für die Vinaigrette:
1 TL dünnflüssiger Honig
1/2 TL frisch geriebener Meerrettich
1 gehackter Zitronengrasstengel
2 bis 3 EL Obstessig
4 EL Erdnußöl
2 EL gehacktes Koriandergrün (Cilantro)

1. Miesmuscheln gründlich unter fließendem Wasser abbürsten. Den Sherry mit 1/8 l Wasser erhitzen, salzen und die Muscheln darin garen, bis sie sich öffnen.
2. Zucchini und Frühlingszwiebeln putzen, waschen und in feine Streifen schneiden. Mit den Mungosprossen und den ausgelösten Muscheln vermengen.
3. Aus den angegebenen Zutaten eine Vinaigrette zubereiten und den Salat damit marinieren. Das feingehackte Cilantro darüberstreuen.

Pro Person:
Kalorien (kcal) 180
Eiweiß (g) 13
Fett (g) 12
Kohlenhydrate (g) 3

Für 4 Personen
Zubereitungszeit: 20 Minuten

Saft von 1 Zitrone
Salz
frisch gemahlener Pfeffer
4 EL Keimöl
2 EL Schalottenwürfel
2 EL feingehackter Dill
200 g Krabben ohne Schale
2 vollreife Avocados
einige Salatblätter
2 EL Tomatenwürfel

1. Zitronensaft mit Salz und Pfeffer verrühren, dann das Öl darunterschlagen. Schalottenwürfel und den Dill daruntermischen und über die Krabben gießen. Etwa 10 Minuten durchziehen lassen.
2. Die Avocados schälen, halbieren und den Kern entfernen. Die Hälften der Länge nach so in Scheiben schneiden, daß sie am Stielansatz zusammenhalten. Dann fächerförmig auseinanderdrücken.
3. Die 4 Avocadohälften jeweils mit etwas Salat auf 4 Tellern anrichten. Mit den marinierten Krabben belegen und den Tomatenwürfeln bestreuen.

Pro Person:
Kalorien (kcal) 340
Eiweiß (g) 11
Fett (g) 31
Kohlenhydrate (g) 2

MATJESSALAT

Viele Feinschmecker warten Jahr für Jahr mit großer Ungeduld auf diese frühsommerliche Delikatesse: Matjes, wie die »jungfräulichen« Heringe ohne sichtbaren Ansatz von Milch oder Rogen genannt werden. Frisch gefangen bekommt man das fettreiche, milde und grätenfreie Fleisch der Heringe in der Zeit von Mai bis Juli. Tiefgekühlt sind sie ganzjährig im Handel erhältlich.

Für 4 Personen
Marinierzeit: 1 Stunde
Zubereitungszeit: 25 Minuten

8 frische Matjesfilets, 1/4 l Milch
100 g Keniabohnen
1 Fleischtomate
1 gekochte Kartoffel
2 kleine säuerliche Äpfel
etwas Zitronensaft
2 kleine Zwiebeln

Für die Salatsauce:

150 g Crème fraîche
100 g saure Sahne
1 TL feinwürziger Senf
Salz, frisch gemahlener Pfeffer
1 Prise Zucker
3 EL Weißweinessig

Außerdem:

1/2 Bund Dill, einige Salatblätter

1. Matjesfilets kurz waschen und etwa 1 Stunde in der Milch einlegen.
2. Von den Keniabohnen die Enden abknipsen und die Bohnen in kochendem Salzwasser wenige Minuten blanchieren, dann kalt abschrecken. Die Tomate ebenfalls blanchieren, häuten, entkernen und in kleine Würfel schneiden.
3. Kartoffel und Äpfel schälen, die Äpfel entkernen. Beides in 1 cm große Würfel schneiden und mit Zitronensaft beträufeln. Die Zwiebeln schälen und in feine Ringe schneiden.
4. Crème fraîche, saure Sahne, Senf, Salz, Pfeffer und Zucker miteinander verrühren und mit Essig abschmecken. Den Dill fein hacken und die Hälfte unter die Sauce mischen.
5. Die Matjesfilets aus der Milch nehmen, gut trockentupfen und in mundgerechte Stücke teilen. Alle Zutaten, außer den Tomatenwürfeln, vermischen. Den Salat mit den Tomatenwürfeln und dem restlichen Dill bestreuen.

Pro Person:
Kalorien (kcal) 650
Eiweiß (g) 28
Fett (g) 48
Kohlenhydrate (g) 18

Matjesfilets einlegen
Filets kurz waschen und abtropfen lassen. In eine Schale legen und mit Milch begießen. Mindestens 1 Stunde ziehen lassen. Die Filets werden dadurch milder im Geschmack.

Salatzutaten vorbereiten
Bohnen blanchieren und kalt abschrecken. Gehäutete Tomate in kleine Würfel, geschälte Kartoffel und Äpfel in 1 cm große Würfel sowie die Zwiebeln in feine Ringe schneiden.

Salat fertigstellen
Aus den angegebenen Zutaten eine Sauce rühren. Salatzutaten mit dem Dressing begießen, vermischen und den Salat mit Tomatenwürfeln und dem Dill bestreuen.

1. Matjes mit Curry
8 Matjesfilets, wie im Grundrezept auf Seite 124 beschrieben, in Milch einlegen. 1 geschälte Zwiebel in Würfel und 4 hartgekochte Eier in Scheiben schneiden. 150 g saure Sahne, 2 EL süße Sahne und 1 TL Curry gründlich miteinander verrühren. Mit 2 bis 3 EL Zitronensaft oder Essig, Salz, Pfeffer und 1/2 TL Zucker abschmecken. Die trockengetupften Matjesfilets in Stücke schneiden, mit den Zwiebeln, Eischeiben und 2 EL eingelegten Kapern vermischen und mit der Sauce überziehen.

2. Matjes mit Salatgurke
8 Matjesfilets, wie im Grundrezept auf Seite 124 beschrieben, in Milch einlegen. Trockentupfen und in mundgerechte Stücke schneiden.
2 mittelgroße, gekochte Kartoffeln und 1 kleine Salatgurke schälen und beides in 1 cm große Würfel schneiden.
200 g Champignons putzen, in Scheiben schneiden und mit den übrigen Salatzutaten vermischen. 1/4 l saure Sahne mit Salz, Pfeffer, 1/2 TL Zucker und 4 EL Keimöl verrühren und mit 3 EL Zitronensaft oder Essig und 2 EL gehacktem Dill abschmecken. Den Salat mit der Sauce vermischen.

3. Matjes mit roten Zwiebeln
8 Matjesfilets, wie im Grundrezept auf Seite 124 beschrieben, in Milch einlegen. 2 rote Zwiebeln schälen, halbieren und längs in schmale Spalten schneiden. 4 Essiggurken in feine Streifen, 2 kleine, geschälte, entkernte Äpfel in Würfel schneiden. 2 EL Rotweinessig, 6 EL trockenen Rotwein, Salz, Pfeffer und 1/2 TL Zucker und 4 EL Keimöl verrühren. Jeweils 2 trockengetupfte Matjesfilets auf 1 Teller anrichten, mit den vorbereiteten Salatzutaten bestreuen und der Vinaigrette beträufeln. Mit frisch geraspeltem Meerrettich und fein geschnittenem Schnittlauch bestreuen.

4. Heringssalat mit roter Bete
4 Bismarckheringe in Würfel schneiden. 1 gekochte, rote Bete, 1 säuerlichen Apfel und 1 gekochte Kartoffel schälen und ebenso wie 150 g kalten Kalbsbraten in kleine Würfel schneiden. 100 g Senfgurken gut abtropfen lassen und ebenfalls in Würfel schneiden. Die vorbereiteten Zutaten mit 30 g gehackten Walnüssen und 2 EL feingehacktem Dill vermischen. 100 g Mayonnaise, 1/8 l saure Sahne, 1 TL Senf, Salz, Pfeffer, 1/2 TL Zucker und 2 EL Essig verrühren. Den Salat damit marinieren und einige Stunden durchziehen lassen. Falls nötig, etwas Senfgurken-Einlegflüssigkeit hinzufügen.

1

2

3

4

SCHILLERLOCKENSALAT MIT BIRNEN

Als Schillerlocken bezeichnet man die Bauchlappen des Dornhais, die sich durch das Räuchern einrollen. Früher ein preiswertes Nahrungsmittel für arme Leute – heute eine nicht ganz billige Delikatesse.

Für 4 Personen
Zubereitungszeit: 30 Minuten

2 Chicorée
1 Bund Brunnenkresse
2 Frühlingszwiebeln
8 Cocktailtomaten
400 g Schillerlocken
2 aromatische Birnen
3 frische Majoranzweige
30 g Walnußkerne
Für die Vinaigrette:
3 bis 4 EL Weißweinessig
4 EL trockener Weißwein
1 TL feinwürziger Senf
Salz
frisch gemahlener Pfeffer
4 EL Traubenkernöl
1 EL Walnußöl

1. Chicorée putzen, waschen und halbieren. Den mittleren Kern herausschneiden und die Hälften in breite Streifen schneiden. Brunnenkresse sorgfältig verlesen, gründlich waschen und gut trockenschleudern.

2. Von den Frühlingszwiebeln die Wurzeln und das grüne Ende entfernen, dann in feine Scheiben schneiden. Cocktailtomaten waschen und vierteln.

3. Die Schillerlocken in mundgerechte Stücke teilen. Die Birnen schälen, halbieren, entkernen und längs in feine Scheiben schneiden. Von den Majoranzweigen die Blätter abzupfen, die Walnüsse grob hacken.

4. Aus den angegebenen Zutaten eine Vinaigrette herstellen.

5. Eine große Platte oder 4 Teller mit Chicorée und Brunnenkresse auslegen. Schillerlocken, Birnen, Zwiebeln und Tomaten darauf anordnen. Mit den Majoranblättern und den gehackten Walnüssen bestreuen und mit der Vinaigrette beträufeln.

Person:
Kalorien (kcal) 360
Eiweiß (g) 26
Fett (g) 21
Kohlenhydrate (g) 10

Für die kalorienärmere Version nehmen Sie anstatt der Schillerlocken geräucherte Forellenfilets.

RÄUCHERFISCHSALAT MIT LINSEN

Räuchern ist eine der ältesten Methoden zum Konservieren von Lebensmitteln. Schnell verderbliche Fische werden dadurch aber nicht nur lange haltbar, das Räuchern verleiht ihnen auch einen sehr feinen Geschmack, der zum Beispiel ausgezeichnet zu Linsen paßt.

Für 4 Personen
Zubereitungszeit: 45 Minuten

150 g Linsen (Tellerlinsen)
1 kleiner Radicchio
50 g Feldsalat
2 Schalotten
1 große Möhre
1/2 Bund Dill
300 g gemischte Räucherfische
ohne Haut und Gräten
(z. B. Heilbutt, Räucheraal,
Makrele, Schillerlocke oder
Bückling)
Für die Vinaigrette:
4 EL Weißweinessig
1/2 TL frisch geriebener
Meerrettich
Salz
frisch gemahlener Pfeffer
5 EL Olivenöl, kaltgepreßt

1. Die Linsen in kochendem Wasser 20 bis 30 Minuten (je nach Alter) garen.
2. Vom Radicchio die Blätter ablösen und den Feldsalat sorgfältig putzen. Beide Salate gründlich waschen und trockenschleudern.
3. Schalotten und die Möhre schälen und in sehr kleine Würfel schneiden. Den Dill fein hacken. Die Linsen auf einem Sieb gut abtropfen lassen.
4. Eine große Platte oder 4 Teller mit den Salatblättern belegen. Die Räucherfische in kleine Stücke teilen und mit den abgekühlten Linsen sowie den Zwiebel- und Möhrenwürfeln auf dem Salat verteilen. Mit dem Dill bestreuen.
5. Essig, Meerrettich, Salz und Pfeffer verrühren, bis sich das Salz gelöst hat, dann langsam das Öl darunterschlagen. Die Salatzutaten mit der Vinaigrette beträufeln.

Pro Person:
Kalorien (kcal) 350
Eiweiß (g) 20
Fett (g) 24
Kohlenhydrate (g) 8

Probieren Sie den Salat auch einmal mit roten Linsen. Diese allerdings nur wenige Minuten kochen, da sie rasch zerfallen.

Dessertsalate

Ob mit Zabaione, Portwein oder Käse serviert, bei diesen Salaten aus frischen, aromatischen Früchten kann niemand widerstehen.

GEMISCHTER FRÜCHTESALAT MIT MARACUJAZABAIONE

Frische Früchte, harmonisch zu einem Salat vereint, und dazu eine locker aufgeschlagene Zabaione – ein Dessert das jedem schmeckt! Dank der Importe aus aller Welt ist es möglich, das ganze Jahr hindurch einheimische und exotische Früchte raffiniert zu kombinieren. Möglichkeiten gibt es genug!

Für 4 Personen
Zubereitungszeit: 40 Minuten

2 säuerliche Äpfel
2 Orangen
1/2 Kantalup-Melone
2 Kiwis
1 Nektarine oder Pfirsich
200 g Erdbeeren
Saft von 1/2 Orange
Saft und Schale von 1 Limette
Zucker oder flüssiger Süßstoff nach Geschmack
Für die Zabaione:
2 Eigelb
2 EL Puderzucker
100 ml Maracujasirup
2 EL Maracujalikör
Außerdem:
4 Minzezweige

1. Äpfel schälen, halbieren, entkernen und in dünne längliche Spalten schneiden. Die Orangen schälen, dabei die weiße Haut völlig entfernen, das Fruchtfleisch filetieren und den Saft auffangen.
2. Aus dem Fruchtfleisch der entkernten Melone mit einem Kugelausstecher kleine Bällchen ausstechen. Das restliche Fruchtfleisch pürieren. Kiwis schälen und quer in Scheiben schneiden.
3. Nektarine halbieren, entkernen und längs in dünne Spalten schneiden. (Den Pfirsich vorher blanchieren und häuten.) Die Erdbeeren putzen und halbieren.
4. Die vorbereiteten Früchte in eine Schüssel geben und mit dem pürierten Melonenfleisch, Orangen- und Limettensaft begießen. Mit Zucker oder Süßstoff abschmecken und mit der abgeriebenen Limettenschale bestreuen. Zugedeckt kühl stellen.
5. Für die Zabaione die Eigelb in eine Metallschüssel geben. Zucker, Maracujasirup und -likör hinzufügen und mit den Schneebesen eines Handrührgerätes so lange schlagen, bis eine fester, cremiger Schaum entstanden ist. In ein heißes Wasserbad stellen und schlagen, bis der Schaum warm und luftig ist.
6. Den Fruchtsalat auf Glastellern anrichten, mit Zabaione begießen und mit je einem Minzezweig garnieren.

Pro Person:
Kalorien (kcal) 256
Eiweiß (g) 4
Fett (g) 4
Kohlenhydrate (g) 50

Orangen filetieren
Äpfel schälen, halbieren und entkernen. Orangen schälen, dabei die weiße Haut völlig entfernen. Mit einem scharfen Messer das Fruchtfleisch zwischen den Trennhäuten herauslösen. Den dabei austretenden Saft auffangen.

Melonenkugeln formen
Die Melone quer halbieren und die Kerne entfernen. Mit einem Kugelausstecher kleine Bällchen aus dem Fruchtfleisch ausstechen. Restliches Melonenfleisch im Mixer pürieren.

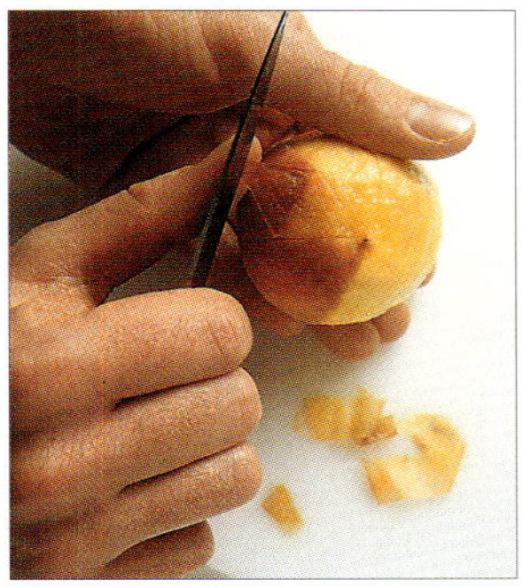

Pfirsich häuten, Kiwi schälen
Den Pfirsich auf eine Fleischgabel spießen und kurz in kochendes Wasser tauchen. Mit einem kleinen Messer die Haut abziehen. Kiwi mit einem scharfen Messer schälen und quer in Scheiben schneiden.

Salat marinieren
Alle kleingeschnittenen Früchte in eine Schüssel geben. Mit Orangen- und Limettensaft sowie dem pürierten Melonenfruchtfleisch und dem aufgefangenen Orangensaft begießen. Vorsichtig mit zwei Löffeln vermischen.

Zabaione aufschlagen
Eigelb, Zucker und Maracujasirup und -likör in eine Metallschüssel geben und mit einem Handrührgerät cremig rühren. In ein heißes Wasserbad stellen und so lange schlagen, bis der Schaum warm und luftig ist. Das Wasser darf keinesfalls kochen!

ORANGEN-ERDBEER-SALAT MIT MINZE

Für 4 Personen
Zubereitungszeit: 20 Minuten

5 bis 6 Orangen
400 g große Erdbeeren
1 EL Zucker, 2 cl weißer Rum
Saft von 1/2 Zitrone
1/2 Bund Minze
1/8 l Sahne
1 EL Vanillezucker
2 cl Orangenlikör

1. Die Orangen schälen und filetieren (siehe Grundrezept Seite 131). Erdbeeren putzen und der Länge nach in Scheiben schneiden.
2. Auf 4 Tellern Orangenfilets und Erdbeerscheiben abwechselnd kreisförmig anordnen. Zucker, Rum, Zitronensaft und aufgefangenen Orangensaft verrühren, bis sich der Zucker gelöst hat. Die Früchte damit beträufeln und mit feingeschnittener Minze bestreuen.
3. Die Sahne steif schlagen und mit Vanillezucker und Orangenlikör abschmecken. Getrennt zu dem Salat reichen.

Pro Person:
Kalorien (kcal) 555
Eiweiß (g) 8
Fett (g) 15
Kohlenhydrate (g) 90

BEERENSALAT MIT PORTWEINZABAIONE

Für 4 Personen
Zubereitungszeit: 25 Minuten

150 g Erdbeeren, evtl. Walderdbeeren
150 g Himbeeren
150 g Heidelbeeren
150 g rote Johannisbeeren
2 EL Zucker
Saft von 1 Orange
Für die Zabaione:
2 Eigelb
2 EL Puderzucker
100 ml Portwein
abgeriebene Schale von 1/2 Orange

1. Die Erdbeeren putzen (evtl. halbieren), Himbeeren und Heidelbeeren verlesen, Johannisbeeren von den Rispen streifen und alle Beeren vorsichtig vermischen.
2. Zucker und Orangensaft so lange verrühren, bis sich der Zucker aufgelöst hat, und die Beeren damit beträufeln. Auf 4 Schalen verteilen und kalt stellen.
3. Aus Eigelb, Puderzucker und Portwein eine Zabaione herstellen, siehe Grundrezept auf Seite 131, und über den Beerensalat gießen. Mit der Orangenschale bestreuen.

Pro Person:
Kalorien (kcal) 210
Eiweiß (g) 3
Fett (g) 4
Kohlenhydrate (g) 34

EXOTISCHER FRUCHTSALAT

Für 4 Personen
Zubereitungszeit: 30 Minuten

- 1 kleine Mango
- 1/2 mittelgroße Ananas
- 1 reife Karambole
- 1 Kiwi
- 4 Kumquats

Für die Sauce:

- 2 Passionsfrüchte
- 1 bis 2 EL Zucker
- Saft und Schale von 1 Limette
- 2 cl weißer Rum

Außerdem:

- 2 EL gehackte Pistazien

1. Mango schälen, das Fruchtfleisch vom Kern lösen und in Scheiben schneiden. Ananas schälen und das Fruchtfleisch in Stücke teilen. Karambole waschen, die Kiwi schälen und beides wie die Kumquats in Scheiben schneiden. Alles auf 4 Tellern anrichten.

2. Passionsfrüchte halbieren, das Fruchtfleisch herauslösen, im Mixer kurz pürieren und durch ein Sieb passieren. Mit Zucker, Limettensaft und -schale sowie Rum verrühren und den Salat damit anmachen. Gut gekühlt durchziehen lassen. Mit den Pistazien bestreut servieren.

Pro Person:
Kalorien (kcal) 156
Eiweiß (g) 2
Fett (g) 2
Kohlenhydrate (g) 28

MELONEN-HIMBEER-SALAT

Für 4 Personen
Zubereitungszeit: 20 Minuten

- 2 kleine Ogen-Melonen
- 250 g frische Himbeeren
- 6 bis 8 Blätter Zitronenmelisse
- 80 g Puderzucker
- Saft von 1/2 Zitrone und
- 1/2 Orange
- 2 cl Himbeergeist

1. Die Melonen quer halbieren, entkernen und aus dem Fruchtfleisch Kugeln ausstechen, siehe Grundrezept auf Seite 131. Bis auf einen kleinen Rand das restliche Fruchtfleisch herauslösen und pürieren. Die Ränder der Schale zickzackförmig einschneiden.

2. Himbeeren verlesen und mit den Melonenkugeln und den feingeschnittenen Melisseblättern vermischen.

3. Puderzucker, Zitronen- und Orangensaft und Himbeergeist verrühren und unter den Salat mischen. Kühl stellen.

4. Den Fruchtsalat in die Melonenhälften füllen.

Pro Person:
Kalorien (kcal) 165
Eiweiß (g) 2
Fett (g) 0
Kohlenhydrate (g) 36

HERBSTLICHER FRUCHTSALAT

In den Herbstmonaten werden viele einheimische Früchte geerntet. Die Bäume hängen voller rotbackiger Äpfel, goldgelber Birnen und herrlich aromatischer Zwetschgen. Zusammen mit einer schaumigen Sauce ergeben diese Früchte den optimalen Salat für diese Jahreszeit.

Für 4 Personen
Zubereitungszeit: 30 Minuten
Marinierzeit: 2 Stunden

250 g Zwetschgen
2 aromatische Äpfel
2 nicht zu weiche Birnen
100 g grüne Trauben
100 g blaue Trauben
100 ml Armagnac
Für die Vanillesauce:
1 Vanilleschote
1/4 l Milch
80 g Zucker
1 Ei
3 Eigelb

1. Die Zwetschgen waschen, vierteln und entkernen. Äpfel und Birnen schälen, halbieren und entkernen. Die Hälften in Scheiben schneiden. Weintrauben waschen, halbieren und entkernen.
2. Alle Früchte in einer Schüssel vermischen, mit Armagnac begießen und kühl stellen.
3. Für die Vanillesauce die Schote der Länge nach aufschlitzen und das Mark herauskratzen. Schote und Mark in die Milch geben. Zum Kochen bringen. Die Hälfte des Zuckers dazugeben. Von der Kochstelle nehmen und die Schote entfernen.
4. Das Ei und die Eigelb in eine Metallschüssel geben und mit den Schneebesen eines Handrührgerätes schaumig schlagen. Restlichen Zucker unter ständigem Rühren einrieseln lassen.
5. Die Schüssel in ein heißes Wasserbad stellen und die Milch hinzugießen. So lange schlagen, bis die Mischung cremig ist.
6. Schüssel aus dem Wasserbad nehmen und weiterschlagen, bis die Sauce etwas abgekühlt ist.
7. Den Herbstsalat auf 4 Glasteller verteilen und mit der lauwarmen Vanillesauce begießen.

Pro Person:
Kalorien (kcal) 490
Eiweiß (g) 9
Fett (g) 17
Kohlenhydrate (g) 57

- Das Wasser im Wasserbad darf keinesfalls kochen, damit die Sauce nicht gerinnt.
- Den Salat vor dem Servieren mit 50 g gehackten Walnüssen bestreuen.

GOLDGELBER FRUCHTSALAT

Die Kombination aus heimischen Obstsorten und exotischen Früchten ist besonders reizvoll. Der Phantasie sind dabei keine Grenzen gesetzt.

Für 4 Personen
Zubereitungszeit: 35 Minuten
Marinierzeit: 1 Stunde

1 Mango
1 Papaya
1/4 Ananas
2 Pfirsiche
4 Aprikosen
Saft von 1 Orange
1 bis 2 EL Zitronensaft
2 cl Kokoslikör
Puderzucker nach Geschmack
Außerdem:
20 g Butter
2 EL Kokosraspel
2 EL Haferflocken

1. Mango, Papaya und die Ananas schälen. Das Fruchtfleisch der Mango vom Kern lösen und in Würfel schneiden. Die Papaya halbieren, entkernen und längs in Spalten, die Ananas in Stücke schneiden.

2. Pfirsiche und Aprikosen halbieren, die Steine entfernen und die Früchte längs in Spalten schneiden. Alles Obst in einer Schüssel mit Orangen-, Zitronensaft und Kokoslikör vermischen. Nach Geschmack mit Puderzucker süßen und zugedeckt kühl stellen.

3. Die Butter in einer Pfanne zerlassen und Kokosraspeln, Haferflocken und etwas Puderzucker darin unter Rühren goldgelb braten. Etwas abkühlen lassen.

4. Den Salat auf 4 Teller verteilen und mit der gerösteten Haferflocken-Kokosmischung bestreuen.

Pro Person:
Kalorien (kcal) 295
Eiweiß (g) 4
Fett (g) 16
Kohlenhydrate (g) 31

Besonders gut schmeckt der Salat, wenn man zum Schluß noch jede Portion mit einem Klecks Crème double garniert

TRAUBEN-BIRNEN-SALAT MIT PINIENKERNEN

Eine etwas ausgefallenere Version ist die Kombination des Fruchtsalates mit Käse und Gemüse. Besonders in Frankreich wird sehr gerne Käse als Dessert gereicht. Falls Ihnen diese Variante zu gewagt ist, ersetzen sie den Käse durch eine süße Sauce.

Für 4 Personen
Zubereitungszeit: 30 Minuten
Marinierzeit: 1 Stunde

200 g blaue Trauben
200 g grüne Trauben
2 aromatische, nicht zu weiche Birnen
1 Kaki oder Sharon
1 kleine Fenchelknolle (mit Grün)
1 EL Ahornsirup
6 bis 8 EL halbtrockener Riesling
50 g Pinienkerne
Zum Anrichten:
8 kleine Ziegenfrischkäse (je 20 g)
oder für die Zabaione:
2 Eigelb
2 EL Zucker
$^1/_8$ l halbtrockener Riesling

1. Die Weintrauben waschen, halbieren und entkernen. Die Birnen schälen, halbieren, entkernen und in Spalten schneiden. Die Kaki oder Sharon waschen, Stielansatz entfernen, halbieren und ebenfalls in schmale Spalten schneiden.
2. Von der Fenchelknolle das Grün abschneiden und hacken. Die Knolle halbieren und quer in hauchdünne Scheiben schneiden.
3. Alle Zutaten vorsichtig miteinander vermischen. Mit Sirup und Wein begießen und gut gekühlt mindestens 1 Stunde marinieren.
4. Die Pinienkerne in einer Pfanne trocken rösten.
5 a. Käse-Variante:
Salat auf 4 Teller verteilen und mit gehacktem Fenchelgrün und den Pinienkernen bestreuen. Jeweils mit 2 Ziegenkäse anrichten.
5 b. Süße Variante:
Wie im Grundrezept auf Seite 131 beschrieben, aus Eigelb, Zucker und Wein eine Zabaione aufschlagen. Salat auf 4 Teller verteilen, mit Pinienkernen bestreuen und mit der Zabaione begießen.

Pro Person (mit Käse/ Zabaione):
Kalorien (kcal) 385/339
Eiweiß (g) 14/15
Fett (g) 18/6
Kohlenhydrate (g) 38/46

Besonders fein schmeckt der Salat, wenn man ihn mit Trockenbeerenauslese mariniert!

FEIGENSALAT MIT PORTWEINMARINADE

TAMARILLOSALAT

Für 4 Personen
Zubereitungszeit: 15 Minuten
Marinierzeit: 2 Stunden

6 frische Feigen
2 Orangen, 1 kleine Mango
4 cl alter Portwein
Zum Anrichten:
200 g Gorgonzola und
8 Walnußhäften
oder für die Sauce:
1/8 l Sahne
2 EL geriebene Mandeln
1 EL Vanillezucker

1. Feigen der Länge nach in Scheiben schneiden. Orangen schälen und filetieren. Mango schälen, das Fruchtfleisch vom Kern lösen und in dünne Scheiben schneiden.
2. Die Früchte auf einer Platte anordnen, mit Portwein und dem aufgefangenen Orangensaft beträufeln und kühl stellen.
3. Entweder mit Gorgonzola und Walnüssen garniert servieren oder die Sahne steif schlagen, Mandeln und Vanillezucker daruntermischen und über dem Salat verteilen.

Pro Person (mit Käse/Sauce):
Kalorien (kcal) 380/579
Eiweiß (g) 13/8
Fett (g) 20/13
Kohlenhydrate (g) 33/35

Für 4 Personen
Zubereitungszeit: 35 Minuten
Marinierzeit: 1 Stunde

4 Tamarillos (Baumtomaten)
2 aromatische Birnen
6 frische Datteln
Saft und Schale von
1 unbehandelten Orange
30 g Cashewnüsse
Zum Anrichten:
ca. 200 g Gruyere
oder für die Sauce:
200 ml Sahne
1 EL Vanillezucker
1/2 TL Zimtpulver
1 EL Cognac oder Weinbrand

1. Baumtomaten blanchieren und häuten. Birnen schälen, halbieren und wie die Baumtomaten in Scheiben schneiden. Die Datteln häuten, halbieren, entkernen und längs in feine Spalten schneiden.
2. Die Früchte auf einer Platte anordnen, mit Orangensaft beträufeln und kühl stellen. Vor dem Servieren mit der Orangenschale und gehackten Cashewnüssen bestreuen.
3. Entweder mit Käse servieren oder die Sahne steif schlagen, mit Vanillezucker, Zimtpulver und Alkohol abschmecken und zum Salat reichen.

Pro Person (mit Käse/Sauce):
Kalorien (kcal) 330/314
Eiweiß (g) 17/6
Fett (g) 20/21
Kohlenhydrate (g) 17/19

KÜCHENLEXIKON

Ahornsirup: Der vor allem in Kanada gewonnene Saft des Zuckerahorns wird eingedickt und wegen des besonderen Aromas vielseitig verwendet.

Algen: Einfache, im Wasser lebende Pflanzen (z. B. Salicorne), die vor allem in der asiatischen und japanischen Küche verwendet werden.

Amontillado-Sherry: Weiterentwicklung des Fino-Sherrys, etwas dunkler und vollmundiger im Geschmack, bernsteinfarben, wird bei Zimmertemperatur getrunken.

Armagnac: Französischer Qualitätsbranntwein aus dem Armagnac-Gebiet, dem Herzstück der Gascogne im Südwesten Frankreichs; hervorragender feiner und milder Geschmack.

Backen: Garen und Bräunen in heißer Luft.

Bardieren: Das Bratgut mit dünnen, fetten Speckscheiben umbinden und braten, damit ein Austrocknen verhindert wird. Kurz vor Schluß den Speck abnehmen und das Bratgut bräunen lassen.

Béchamelsauce (Sauce Béchamel): Helle gebundene Grundsauce, die aus einer hellen Mehlschwitze unter Mitverwendung von Milch zubereitet wird.

Beizen: Lebensmittel werden in Marinaden aus Essig, Rotwein oder Buttermilch mit zahlreichen Gewürzen und Zwiebel eingelegt. Der Geschmack der Lebensmittel wird abgewandelt (z. B. Sauerbraten) oder gemildert (z. B. ein strenger Wildgeschmack), das Fleisch wird mürbe (s. a.: Marinieren).

Blanchieren: Lebensmittel kurz in Salzwasser kochen oder vor dem Weiterverarbeiten mit heißem Wasser übergießen, danach evtl. in kaltem Wasser abschrecken.

Braisieren: Schmoren.

Braten: Garen und Bräunen in heißem Fett im offenen Topf.

Bulgur: Weizenkörner werden unterschiedlich stark geschält und bereits vorgekocht angeboten. Hoher Gehalt an Vitamin B und Eiweiß.

Calvados: Französischer Apfelbranntwein aus der Normandie, wird manchmal doppelt gebrannt wie ein Cognac; lagert 6 Jahre in Eichenfässern und entfaltet erst nach dieser Zeit der Reife seine volle Qualität. Alkoholgehalt 38 bis 50 Vol.%.

Chutney: Früchte und Gemüse werden mit Kräutern und Gewürzen eingekocht und hauptsächlich in der ostindischen Küche kalt als Beilage serviert.

Cilantro: Frisches Grün der Korianderpflanze, auch Chinesische Petersilie genannt. Das Grün gehört in viele exotische Gerichte. Beim Trocknen verliert es sein Aroma, läßt sich jedoch gut einfrieren.

Cognac: Qualitätsbranntwein aus Frankreich mit einem Mindestalkoholgehalt von 40 Vol.%; ausschließlich aus Weinen aus der Charente an der Atlantikküste; unterliegt strengen Vorschriften, wie dem Doppelbrenngang, einer Mindestlagerung von 3 1/2 Jahren in einer bestimmten Faßart.

Crème double (Doppelrahm): Dicke Sahne mit mindestens 40 % Fettanteil.

Crème fraîche: Dickflüssiger Sauerrahm mit 30 % Fettanteil; wird manchmal mit Joghurt vermischt, es werden auch Dickungsmittel zugesetzt.

Croûtons: In Form geschnittene und in Butter geröstete Weißbrotscheiben, z. B. Brotwürfel oder ausgehöhlte dickere Brotscheiben, die zum Füllen geeignet sind.

Curry: Indische Gewürzmischung aus mindestens 12 feingemahlenen Ingredienzien. Auch: Bezeichnung für ostasiatische, mit Curry gewürzte Gerichte.

Dämpfen: Garen in Wasserdampf in einem geschlossenen Topf mit besonderem Sieb- oder Gittereinsatz.

Denaturieren: Die in Lebensmitteln enthaltenen Eiweißstoffe verändern – meistens durch zu große Hitze – ihre Struktur und Eigenschaften, sie flocken aus bzw. gerinnen.

Dijon-Senf: Scharfer französischer Senf aus nicht entölten schwarzen oder braunen Senfkörnern.

Dressieren: Lebensmittel vor dem Braten, Kochen oder Grillen in eine gefällige Form bringen. Ein Herausquellen der Füllung wird verhindert.

Dünsten: Garen in wenig Flüssigkeit, Fett oder im eigenen Saft bei geringer Temperatur.

Entfetten: Abschöpfen der Fettschicht von Brühen, Saucen, Fonds. Dafür die Flüssigkeit abkühlen lassen, das erstarrte Fett kann dann abgenommen werden. Oder: Das Fett bei heißer Flüssigkeit mit einem großen Löffel oder Küchenpapier abnehmen.

Essenz: Stark eingekochte Brühe, konzentrierter Fond aus Fleisch oder Fisch, Geflügel, Wild, Champignons bzw. Trüffeln.

Farce: Fleisch, Fisch, Krustentiere, Gemüse usw. feingehackt, durch den Wolf gedreht oder püriert, mit Rahm und Eiern gebunden und mit Butter sowie Gewürzen verfeinert. Sie kann mit Weißbrot gelockert werden und dient zum Füllen von Pasteten, Fleisch und Geflügel.

Feta (griech.): Weichkäse aus Schafsmilch oder einem Gemisch aus Schafs-, Ziegen- und Kuhmilch, reift in einer Salzlake.

Filetieren, auch filieren: Filets aus Knochen und Gräten lösen. Auch: Die Segmente von Zitrusfrüchten aus den Trennhäuten lösen.

Fino-Sherry: Spanischer, trockener Sherry von heller Farbe mit leicht bitterem, sehr feinem Geschmack.

Flambieren: Ein hochprozentiger Alkohol wird löffelweise über Speisen gegossen und angezündet. Die Aromastoffe dringen dabei in die Speisen ein, der Alkohol verbrennt.

Fond: Konzentrat mit allen Geschmacksstoffen, das beim Kochen, Dünsten und Braten der Speisen gewonnen wird. Basis einer jeden guten Sauce.

Fritieren: In 180° C heißem Fett schwimmend ausbacken bzw. bräunen.

Glasieren: Dem Gericht wird eine glänzende Oberfläche gegeben. Fleisch, Wild und Fisch werden mit Glace bestrichen bzw. mit dem eigenen Fett übergossen. Gebäck und Torten werden mit Aprikosenmarmelade überzogen.

Grappa (ital.): Tresterbranntwein, gebrannt aus den bei der Kelterung anfallenden Rückständen.

Gratinieren: Überbacken bei starker Oberhitze, bis eine braune Kruste entstanden ist.

Grillen: Garen mit oder ohne Fettzugabe durch Strahlungshitze oder Kontakthitze.

Hoi-sin-Sauce (Peking-Sauce, chin.): Dicke braunrote Würzsauce aus Soja, Knoblauch, Chili u. a. Gewürzen, süß und scharf im Geschmack.

Holländische Sauce (Sauce Hollandaise): Eigelb und geklärte Butter werden im Wasserbad aufgeschlagen; die Sauce wird mit Wein, Zitronensaft, Salz und Pfeffer verfeinert.

Ingwer: Wurzelstock einer Gewürzlilie, der hauptsächlich in Indien wächst. Wird frisch oder getrocknet angeboten. Ingwer ist reich an ätherischen Ölen und besitzt einen fruchtig-scharfen Geschmack.

Julienne: Feingeschnittenes streifenförmiges Gemüse in Streichholzlänge. Von Zitrusfrüchten werden mit einem Julienneschneider feine Streifen von der Schale abgezogen.

Karamelisieren: Bräunen und Schmelzen von Zuckerarten, z. B. Haushaltszucker oder Puderzucker, durch Erhitzen.

Keimöl: Ein hochwertiges, geschmacksneutrales Keimöl wie z. B. Mazola überzieht jedes einzelne Salatblatt und Gemüse mit einem hauchdünnen Film. Es unterstreicht den Eigengeschmack der Zutaten. Mazola Keimöl hat einen hohen Gehalt an Pflanzenkeimwirkstoffen, insbesondere die mehrfach ungesättigte Linolsäure und Vitamin E. Es ist cholesterinfrei und gut bekömmlich. Um die wertvollen Inhaltsstoffe zu schützen, wird Keimöl mit größter Sorgfalt gewonnen, d.h. aus frischen Keimen des Korns gepreßt, schonend gereinigt und luftdicht in Glasflaschen abgefüllt.

Klären: Flüssigkeiten von allen Trübstoffen befreien. Dazu Eiweiß vom Hühnerei in die heiße Flüssigkeit einrühren, damit das gerinnende Eiklar alle Partikel bindet und sich an der Oberfläche absetzt. Abschöpfen und die noch heiße Flüssigkeit durch ein Tuch seihen. Butter erhitzen, sich bildenden Schaum entfernen und die Butter vorsichtig ohne den eiweißhaltigen Bodensatz abgießen.

Kochen: Garen in reichlich siedender Flüssigkeit.

Kurkuma: Zur Familie der Ingwergewächse zählende Pflanze aus Ostasien, deren Wurzel zermahlen als Würze dient. Das lichtempfindliche, gelbe Pulver ist scharf, doch sehr aromatisch. Es ist wichtiger Bestandteil des Curry.

Legieren: Sämigmachen von Suppen und Saucen durch Zugabe von Eigelb oder auch Sahne. Danach nur noch vorsichtig erwärmen, da sonst die Eiweißstoffe denaturieren.

Madeira: Likörwein der portugiesischen Insel Madeira; wird je nach Traubenart in 4 Arten unterteilt (mild bis sehr süß). Besonderheit: Der fertige Wein wird auf 45° C erhitzt; der Wein reift dadurch sehr schnell.

Marinieren: Lebensmittel in eine Marinade einlegen und darin ziehen lassen. Das Fleisch wird aromatisiert, die Haltbarkeit und Struktur verbessert sich (s. a.: Beizen).

Marsala (ital.): Likörwein aus den Grillo- und Catarratto-Trauben; die Weine werden während des Gärens mit Alkohol angereichert, wodurch der Gärprozeß gestoppt wird und der Wein einen Großteil seines Restzuckers behält.

Montieren: Suppen oder Saucen werden durch Schlagen mit einem Schneebesen unter Zugabe kalter Butterflöckchen gebunden.

Mozzarella (ital.): Frischkäse aus Kampanien, der aus Büffelmilch hergestellt und in einer Lake angeboten wird; heute oftmals aus Kuhmilch hergestellt.

Noilly-Prat: Französischer Wermutwein; Aperitif.

Olivenöl: Das vollfruchtige Aroma und der harmonische Geschmack des Olivenöls wie z. B. Mazola Olivenöl extra virgen gibt dem Salat eine besondere Note. Frisch geerntete, sonnengereifte Oliven der Region um Córdoba werden auf traditionelle Art kaltgepreßt und gasdicht in lichtgeschützten

Grünflaschen abgefüllt. Auf diese Weise werden wertvolle Inhaltsstoffe wie reichlich enthaltene, ungesättigte Fettsäuren optimal geschützt.

Panieren: Verschiedenste Lebensmittel werden mit Mehl, Eigelb und Semmelbröseln überzogen und in heißem Fett ausgebacken. Die Panade wird knusprig gebraten, das Bratgut bleibt saftig.

Parieren: Fleisch und Fisch von Haut, Fett und Sehnen befreien und sauber zurechtschneiden.

Pecorino (ital.): Schnitt- oder Hartkäse aus Schafsmilch, pikant im Geschmack; Sorten: romano und siciliano; wird als Tafel- oder Reibekäse verwendet.

Pfannenrühren: Gartechnik in der chinesischen Küche. In feine Streifen oder Würfel geschnittene Zutaten werden im Wok bei sehr starker Hitze in Öl portionsweise schnell angebraten bzw. gerührt. Dadurch schließen sich die Poren der Zutaten rasch. Aroma, Farbe und Saft bleiben erhalten, Gemüse behält den Biß.

Piment: Vor der Reife gepflückte Beerenfrüchte des Nelkenpfeffer-Baumes werden gemahlen und als Gewürz, das im Geschmack und Geruch an Zimt, Nelken und Muskat erinnert, angeboten.

Pinienkerne: Weiße stiftförmige Samenkerne (eßbare Ölsamen) des in den Mittelmeerländern heimischen Pinienbaumes; schmecken ähnlich wie Mandeln.

Pistazien: Steinfrüchte des Pistazienbaumes mit einem grünen Samenkern, der von einer Samenhaut umgeben ist. Meist werden die bereits geschälten Pistazienkerne angeboten.

Pochieren (Garziehen): Garen knapp unter dem Siedepunkt, besonders bei sensiblem Kochgut wie Fisch, Bries, Austern, Eier, Geflügel, usw.

Pökeln: Haltbarmachen von Fleisch und Fleischerzeugnissen durch Kochsalz und gleichzeitige Zugabe von Umrötestoffen, welche die haltbarkeitsverlängernde Wirkung von Kochsalz verbessern und den Fleischfarbstoff in hitzebeständiges Pökelrot umwandeln.

Quinoa: Hirseähnliche Getreidekörner aus Südamerika. Sehr nährstoffreich; verlieren beim Kochen ihre Farbe und werden glasig.

Reduzieren: Einkochen, verringern einer Flüssigkeitsmenge durch leichtes Kochen lassen.

Romanesco: Blumenkohlsorte von gelblichgrüner Farbe mit an Minarettürmchen erinnernder Struktur.

Sambal (indones.): Küchenfertige Würzpaste, sehr scharf, die den Gerichten eine pikante Note gibt; wird auch zur indonesischen Reistafel gereicht. Als Sambal Badjak (mit Crevettenpaste), Sambal Oelek (scharf), Sambal Manis (süßlich) usw. im Handel erhältlich.

Schwarzwurzel: Spargelähnliches, winterhartes Wurzelgemüse mit braunschwarzer Rinde.

Sprießkornweizen: Spezieller, kontrollierter Weizen, der zum Keimen verwendet wird.

Tournieren: Gemüse wird in gleichmäßige, dekorative Formen zurechtgeschnitten.

Wasserbad (Bain-marie): In einen Topf mit wenig siedendem Wasser wird ein zweiter Topf oder eine spezielle Metallschüssel gehängt oder gestellt, die nur durch den Dampf bzw. das heiße Wasser erhitzt wird; empfindliche Cremes und Saucen werden darin aufgeschlagen.

Wok: Pfanne mit hochgezogenem Rand und gerundetem Boden aus unterschiedlichen Materialien; ermöglicht das Anbraten und Warmhalten in einem Topf; wird in der chinesischen Küche vor allem zum Pfannenrühren verwendet.

Worcestersauce: Würzsauce mit intensivem Aroma aus Tamarindensaft und zahlreichen Gewürzen.

Zabaione (ital.; auch Sabayon): Eigelb und Zucker werden im Wasserbad mit Alkohol aufgeschlagen.

Zeste: Hauchdünn abgeschälte Schale von Zitrusfrüchten, in feine Streifen geschnitten (s. a.: Ziselieren, Julienne).

Ziselieren: Gemüse wird mit einem Spezialmesser (Zestenreißer oder Julienneschneider) in hauchdünne Streifen geschnitten; von Zitrusfrüchten werden von der Schale feine Streifen abgezogen (s. a.: Julienne). Auch: Leichtes Einschneiden von kleinen Fischen, um ein Platzen während des Garens zu verhindern.

Zitronengras: Wächst in allen tropischen Gebieten. Der intensive Zitronengeschmack ist in der Küche Südostasiens sehr beliebt. Verwendet wird nur der untere dicke Teil (etwa 10 bis 15 cm). Wird auch getrocknet und gemahlen angeboten.

ALPHABETISCHES REZEPTREGISTER

Afrikanischer Bulgursalat 96
Asiatischer Zuckerschoten-
salat mit Rosinen 66
Badischer Wurstsalat 111
Bataviasalat mit
Kräutersauce 39
Bayerischer saurer
Preßsack 112
Bayerischer Weiß-
krautsalat 57
Beerensalat
mit Portweinzabaione 132
Blattsalat
– gemischt 31
– Variationen 32, 33
Blumenkohlrohkost 47
Blumenkohlsalat
auf indische Art 69
Bohnensalat 71
– bunt 78
– sommerlich 67
Bulgursalat
auf afrikanische Art 96
Bunter Bohnensalat 78
Champignonsalat
mit Rettichsprossen 51
Chicorée
– mit Currysauce 40
– Variationen 41
Chinakohl mit Ananas 52
Conchigliesalat
mit Broccoli 85
Eichblattsalat mit Pfiffer-
lingen und Ziegenkäse 36
Eissalat mit Gapefruit 38
Ente »Duan«, gehackt 109
Exotischer Fischsalat 120
Exotischer Fruchtsalat 133
Exquisiter Fischsalat 119
Farfallesalat
mit Erbsen und Schinken 84
Feigensalat
mit Portweinmarinade 137
Feiner Schinkensalat 115
Fenchelrohkost 49
Fernöstlicher Nudel-
Bohnen-Salat 91
Fernöstlicher Rind-
fleischsalat 101
Fischsalat
– exotisch 120
– exquisit 119
– spanisch 121
Fleischsalat 114
– Variationen 102, 103
Friséesalat mit Fenchel
und Gorgonzola 37
Fruchtsalat
– exotisch 133
– goldgelb 135
– herbstlich 134
Früchtesalat mit Maracuja-
zabaione, gemischt 131
Gehackte Ente »Duan« 109
Gemischter Blattsalat 31
Gemischter Früchtesalat
mit Maracujazabaione 131
Gemischter Wildkräuter-
salat 35
Gemüsesalat
mit Sauce Hollandaise 63
Glasnudelsalat
– mit Grapefruit 88
– mit Shiitake-Pilzen 89
– mit Sprossen und
Samen 89
Goldgelber Fruchtsalat 135
Griechischer Salat 58
Grüner Gemüsesalat 63
Grünkernsalat 97
Gurkensalat mit Dill 56
Hähnchenfilets auf
Pilzsalat, teegeräuchert 107
Herbstlicher Fruchtsalat 134
Heringssalat mit
roter Bete 125
Indischer Blumenkohlsalat 69
Italienischer Fleischsalat 102
Kartoffelsalat 73
– auf mediterrane Art 76
– Variationen 74, 75
Kichererbsensalat
mit Tomaten 79
Kohlrabirohkost
mit Nüssen 46
Krabbensalat
auf Avocado 123
Kräutergeräucherte Puten-
brust auf Feldsalat 107
Kürbissalat 77
Lachssalat
mit Brunnenkresse 120
Lauchsalat
mit Curry-Hollandaise 64
Langostinos auf Chicorée 121
Linsensalat mit Gemüse 79
Löwenzahnsalat
mit Egerlingen 34
Matjessalat 124
Matjes-Variationen 125
Mediterraner Kartoffelsalat 76
Meeresfrüchtesalat 122
Melonen-Himbeer-Salat 133
Mexikanischer
Fleischsalat 102
Möhren-Petersilien-
wurzel-Salat 70
Möhrenrohkost 47
Möhrensalat mit Gorgon-
zola-Hollandaise 65
Muschelsalat
mit Honigvinaigrette 123
Norddeutscher
Fleischsalat 103
Nudel-Bohnen-Salat,
fernöstlich 91
Nudelsalat
– mit mariniertem Gemüse 86
– mit Meeresfrüchten 87
– mit Pilzen und Pesto 83
Orangen-Erdbeer-Salat 132
Pennesalat mit Salami 84
Pikante Sauerkrautrohkost 54
Preßsack, sauer 112
Putenbrust auf Feldsalat,
kräutergeräuchert 107
Putenbrustsalat mit Lauch,
Orangen und Pistazien 108
Quinoa-Salat 97
Räucherfischsalat
mit Linsen 127
Reisnudelsalat
mit Pinienkernen 90
Reissalat
– ungarisch 93
– Variationen 94, 95
Rettichsalat 56
Rinderzungensalat 115
Rindfleischsalat
auf fernöstliche Art 101
Rohkostteller
mit Kräuterdressing 45
Romanescosalat mit Käse 68
Rote-Bete-Salat 71
Rotkohlsalat mit Rosinen
und Pinienkernen 53
Rucolasalat mit Parmesan 34
Salade niçoise 59
Salat, griechisch 58
Salatteller mit teegeräu-
cherter Entenbrust 106
Sauerampfersalat
mit Möhren 35
Sauerkrautrohkost
– pikant 54
– Variationen 55
Saurer Preßsack
auf bayerische Art 112
Schinkensalat, fein 115
Schillerlockensalat
mit Birnen 126
Schwarzwurzelsalat mit
Kümmel-Hollandaise 65
Selleriesalat 71
Sojasprossensalat
mit Shiitake-Pilzen 50
Sommerlicher Bohnensalat 67
Spanischer Fischsalat 121
Spanischer Fleischsalat 103
Spargelsalat mit
Orangen-Hollandaise 64
Staudenselleriesalat
mit Weizenkeimen 48
Tamarillosalat 137
Teegeräucherte Hähn-
chenfilets auf Pilzsalat 107
Tomatensalat mit Avocado 57
Tortellinisalat
mit Gemüsevinaigrette 85
Trauben-Birnen-Salat 136
Ungarischer Reissalat 93
Waldorfsalat 46
Weißkrautsalat, bayerisch 57
Wildkräutersalat, gemischt 35
Wildsalat
– mit Birnen und
Pinienkernen 104
– mit Pilzen und
Cranberries 105
Wurstsalat
– badisch 111
– Variationen 112, 113
Zuckerschotensalat
mit Rosinen, asiatisch 66

SACHREGISTER

WARENKUNDE

Aceto Balsamico 20
Adzukibohnen 14, 15
Äpfel 19
Ananas 18
Angebot 10, 11
Apfelessig 20
Aromaintensive Öle 21
Avocado 12
Basilikum 16
Batavia 10
Baumtomaten 18
Beerenfrüchte 19
Birnen 19
Bitterstoffe 11
Blattsalate 10
Bockshornkleesamen 14, 15
Bohnenkerne 14
Bohnenkraut 16
Borretsch 16
Brennessel 17
Brunnenkresse 17
Chicorée 11, 24
Chinakohl 13
Cilantro 16
Datteln 18
Dill 16
Eichblattsalat 10
Einweichzeiten 15
Eissalat 10
Endiviensalat 11
Erbsen 14
Escarol 11
Essig 20
Essigessenz 20
Estragon 16
Feigen 18
Feldsalat 11, 24
Fenchel 12
Frisée 11
Fruchtessig 20
Früchte 18, 19
Gänseblümchen 17
Gartenkresse 14, 15
Geschmacksneutrale Öle 21
Gewürze 21
Giersch 17
Grüne Bohnen 13
Gurken 12, 24
Hilfsgeräte 22, 23
Kapuzinerkresse 17
Kartoffeln 13
Keimen 14, 15
Keimzeiten 15
Kerbel 16
Kichererbsen 14, 15
Knoblauch 25
Kohlsorten 13
Kopfsalat 10, 24
Kräuter 16, 17
Kräuteressig 20
Kresse 16
Kürbiskerne 15
Lagerung 10,11
Lattich 10
Linsen 14
Löwenzahn 17
Lollo Biondo 11
Lollo Rosso 11
Mango 18
Möhren 13
Mungobohnen 14, 15
Obstsorten 18, 19
Öl 21
Orangen 18
Paprika 12
Pfefferminze 16
Pilze 13
Pimpinelle 16
Radicchio 11
Radieschen 12
Rauke 17
Rettich 12
Rettichsamen 14, 15
Roggen 15
Römischer Salat 10
Romanasalat 10
Rote Bete 13
Rucola 17
Rotkohl 13
Rotweinessig 20
Salatgemüse 12
Salatsaucen 26, 27
Samen 14, 15
Sammeltips 17
Sauerampfer 17
Scharbockskraut 17
Schnittlauch 16
Sellerieknolle 13
Senfsamen 14, 15
Sherryessig 20
Sojabohnen 14, 15
Spargel 13
Sprossen 14, 15
Stangensellerie 12
Tamarillo 18
Thousand-Island-Sauce 26
Tomaten 12
Vinaigrette 26
Vogelmiere 17
Waldfrüchte 19
Weintrauben 19
Weißkohl 13
Weißweinessig 20
Weizen 15
Wiesenschaumkraut 17
Wildkräuter 17
Wurzelgemüse 25
Zichorie 10
Zitronenessig 20
Zitronenmelisse 16
Zwiebeln 12, 25

BLATTSALATE

Bataviasalat mit Kräutersauce 39
Blattsalat-Variationen 32, 33
Chicorée
– mit Currysauce 40
– mit Datteln 41
– mit Ingwer 41
– mit Tomaten 41
Eichblattsalat mit Pfifferlingen und Ziegenkäse 36
Eissalat mit Grapefruit und Sahnesauce 38
Friséesalat mit Fenchel und Gorgonzola 37
Gemischter Blattsalat 31
Gemischter Wildkräutersalat 35
Löwenzahnsalat mit Egerlingen 34
Rucolasalat mit Parmesan 34
Sauerampfersalat mit Möhren 35

ROHKOSTSALATE

Bayerischer Weißkrautsalat 57
Blumenkohlrohkost mit Käsesauce 47
Champignonsalat mit Rettichsprossen 51
Chinakohlsalat mit Ananas 52
Fenchelrohkost mit Mango 49
Griechischer Salat 58
Gurkensalat mit Dill 56
Kohlrabirohkost mit Nüssen 46
Möhrenrohkost mit Sherrydressing 47
Pikante Sauerkrautrohkost
Rettichsalat 56
Rohkostteller mit Kräuterdressing 45
Rotkohlsalat mit Rosinen und Pinienkernen 53
Salade niçoise 59
Sauerkrautrohkost
– mit Ananas 55
– mit Essiggurke 55
– mit Trauben 55
Sojasprossensalat mit Shiitake-Pilzen 50
Staudenselleriesalat mit Weizenkeimen 48
Tomatensalat mit Avocado 57
Waldorfsalat 46

GEMÜSESALATE

Asiatischer Zuckerschotensalat mit Rosinen 66
Blumenkohlsalat auf indische Art 69
Bohnensalat 71
Bunter Bohnensalat 78
Grüner Gemüsesalat mit Sauce Hollandaise 63
Kartoffel-Gurken-Salat 74
Kartoffelsalat 73
– auf mediterrane Art 76

– mit Curry 75
– mit Käse 75
– mit Pfifferlingen 74
– mit Räucherlachs 74
– mit Schinken und Essiggurke 75
Kichererbsensalat mit Tomaten 79
Kürbissalat 77
Lauchsalat mit Curry-Hollandaise 64
Linsensalat mit Gemüse 79
Möhren-Petersilienwurzel-Salat 70
Möhrensalat mit Gorgonzola-Hollandaise 65
Romanescosalat mit Käse 68
Rote-Bete-Salat 71
Schwarzwurzelsalat mit Kümmel-Hollandaise 65
Schwedischer Kartoffelsalat 75
Selleriesalat 71
Sommerlicher Bohnensalat 67
Spargelsalat mit Orangen-Hollandaise 64
Speckkartoffelsalat 74

NUDEL-, REIS- UND KÖRNERSALATE

Bulgursalat auf afrikanische Art 96
Conchigliesalat mit Broccoli 85
Farfallesalat mit Erbsen und Schinken 84
Fernöstlicher Nudel-Bohnen-Salat 91
Glasnudelsalat
– mit Grapefruit 88
– mit Shiitake-Pilzen 89
– mit Sprossen und Samen 89
Grünkernsalat 97
Nudelsalat
– mit mariniertem Gemüse 86
– mit Meeresfrüchten 87
– mit Pilzen und Pesto 83
Pennesalat mit Salami 84
Quinoa-Salat 97
Reisnudelsalat mit Pinienkernen 90
Reissalat
– mit Ananas 94
– mit Banane 94
– mit Gemüse 94
– mit Käse und Kräutern 95
– mit Krabben 95
– mit Mango 94
– mit Räucherfisch 95
– mit Thunfisch 95
Tortellinisalat mit Gemüsevinaigrette 85
Ungarischer Reissalat 93

FLEISCH-, WILD- UND GEFLÜGELSALATE

Badischer Wurstsalat 111
Bremer Wurstsalat 112
Feiner Schinkensalat 115
Fleischsalat 114
Frankfurter-Würstchen-Salat 113
Gehackte Ente »Duan« 109
Italienischer Fleischsalat 102
Kräutergeräucherte Putenbrust auf Feldsalat 107
Mexikanischer Fleischsalat 102
Norddeutscher Fleischsalat 103
Pikanter Wurstsalat 113
Putenbrustsalat mit Lauch, Orangen und Pistazien 108
Regensburger Wurstsalat 112
Rinderzungensalat 115
Rindfleischsalat auf fernöstliche Art 101
Salatteller mit teegeräucherter Entenbrust 106
Saurer Preßsack auf bayerische Art 112
Schlesischer Wurstsalat 112
Spanischer Fleischsalat 103
Teegeräucherte Hähnchenfilets auf Pilzsalat 107
Wildsalat
– mit Birnen und Pinienkernen 104
– mit Pilzen und Cranberries 105
Wurstsalat
– auf »leichte« Art 113
– auf Seemanns Art 113

FISCHSALATE

Exotischer Fischsalat 120
Exquisiter Fischsalat 119
Heringssalat mit roter Bete 125
Krabbensalat auf Avocado 123
Lachssalat mit Brunnenkresse 120
Langostinos auf Chicorée 121
Matjes
– mit Curry 125
– mit roten Zwiebeln 125
– mit Salatgurke 125
Matjessalat 124
Meeresfrüchtesalat 122
Muschelsalat mit Honigvinaigrette 123
Räucherfischsalat mit Linsen 127
Schillerlockensalat mit Birnen 126
Spanischer Fischsalat 121

DESSERTSALATE

Beerensalat mit Portweinzabaione 132
Exotischer Fruchtsalat 133
Feigensalat mit Portweinmarinade 137
Gemischter Früchtesalat mit Maracujazabaione 131
Goldgelber Fruchtsalat 135
Herbstlicher Fruchtsalat 134
Melonen-Himbeer-Salat 133
Orangen-Erdbeer-Salat mit Minze 132
Tamarillosalat 137
Trauben-Birnen-Salat mit Pinienkernen 136

Pete A. und Susi Eising betreiben seit 1979 gemeinsam ein Fotostudio in München. Seit vielen Jahren haben sie sich auf das Gebiet Essen und Trinken spezialisiert und zählen heute zu den führenden Foodfotografen Deutschlands.

Monika Kellermann ist Ernährungsberaterin und arbeitet seit Jahren als freie Foodjournalistin und Buchautorin. Sie verfaßte für die »Reihe mit dem Löffel« bereits die Bücher GEMÜSE, VORSPEISEN, GEFLÜGEL und FLEISCH. Monika Kellermann lebt bei München.